Política Hemisférica de C

Printed by Printforce, United Kingdom

Hugo José Castro Valdebenito

Política Hemisférica de Ciberseguridad en América Latina

Enfoques regionales y estrategias nacionales

Editorial Académica Española

Imprint

Any brand names and product names mentioned in this book are subject to trademark, brand or patent protection and are trademarks or registered trademarks of their respective holders. The use of brand names, product names, common names, trade names, product descriptions etc. even without a particular marking in this work is in no way to be construed to mean that such names may be regarded as unrestricted in respect of trademark and brand protection legislation and could thus be used by anyone.

Cover image: www.ingimage.com

Publisher:
Editorial Académica Española
is a trademark of
International Book Market Service Ltd., member of OmniScriptum Publishing Group
17 Meldrum Street, Beau Bassin 71504, Mauritius

Printed at: see last page
ISBN: 978-620-2-13013-4

POLÍTICA HEMISFÉRICA DE CIBERSEGURIDAD EN AMÉRICA LATINA

AMÉRICA LATINA

Enfoques regionales y estrategias nacionales

Hugo J. Castro Valdebenito

editorial académica española

"No obstante que el trabajo aborda una materia de suyo compleja y reciente, el autor ofrece un estudio exploratorio en que identifica claramente el problema a investigar en el marco del posicionamiento del tema del ciberespacio con la seguridad internacional, regional y nacional en el contexto del dinamismo de la globalización contemporánea, y en el ámbito de las oportunidades y riesgos que encierra este proceso de interdependencia y gobernanza transnacional.

Sobre la base de una propuesta de análisis internacional y explicación histórica del tiempo presente, el estudio introduce un problema de investigación recogiendo en su descripción inicial y con argumentos fundados, los alcances del ciberespacio en la actual dimensión de la seguridad internacional y las oportunidades de cooperación regional para bordar los nuevos riesgos y amenazas de los delitos cibernéticos en la región latinoamericana y en nuestro país".

JOSÉ MORANDE LAVÍN
Director del Instituto de Estudio Internacionales. IEI
Director de la Revista de Estudios Internacionales. REI
Universidad de Chile.
Santiago de Chile, mayo 2018.

© Hugo J. Castro Valdebenito
© Editorial Académica Española

Titulo original:
POLÍTICA HEMISFÉRICA DE CIBERSEGURIDAD
EN AMÉRICA LATINA
Enfoques regionales y estrategias nacionales
Primera edición: Editorial Académica Española, mayo de 2018
www.eae-publishing.com

ISBN: 978-620-2-13013-4

Imagen de Portada
"Ciberdelincuencia en el siglo XXI"

Financiado por:

CONICYT
Comisión Nacional de Investigación
Científica y Tecnológica

A mi Madre...

AGRADECIMIENTOS

Dado que este libro deriva de la Tesis de Magister en Relaciones Internacionales elaborada durante el año 2017 en el Centro de Estudios y Asistencia Legislativa de la Pontificia Universidad Católica de Valparaíso, me es indispensable agradecer en primer lugar a quienes guiaron, corrigieron y evaluaron este estudio. En primer lugar, al profesor José Morande Lavín, reconocido internacionalista y académico chileno, director del Instituto de Estudios Internacionales de la Universidad de Chile, quien con paciencia y temperamento dirigió este estudio. También agradecer al profesor Raul Allard Neumann, director de Magister en Relaciones Internacionales y reconocido alto funcionario público, Ex Intendente de Valparaíso, Director Nacional de Aduanas y Subsecretario de educación, quien corrigió y evaluó este trabajo. Así como también, agradecer las correcciones y comentarios del Almirante y Ex comandante en Jefe de la Armada de Chile, Rodolfo Codina, quien también evaluó este estudio en circunstancias de salud complejas, por lo que le agradezco doblemente su compromiso con la investigación.

Al Centro Estudios y Asistencia Legislativa de la Pontificia Universidad Católica de Valparaíso, a sus directivos y funcionarios, en especial a la Sra. Lucia Estefó por atender siempre y muy amablemente a mis innumerables correos y solicitudes.

Señalar también que este estudio fue financiado por la Comisión Nacional de Investigación Ciencia y Tecnología (CONICYT) a través del Programa de Formación de Capital Humano Avanzado dado que me otorgaron una beca por dos años para realizar los estudios de posgrado, mientras trabajaba en la Universidad de Playa Ancha dictando los cursos de Historia de la Integración de Chile y América Latina e Historia Reciente de Chile y América Latina.

Agradecer muy especialmente a mi colega y amigo Alessandro Monteverde por las tantas y extendidas conversaciones sobre el tema, indudablemente ayudaron a plantear algunas consideraciones temporales e históricas sobre la Ciberseguridad.

A mi esposa Amanda y a mis hijos; Cesar, Margarita y Benjamín por su compañía, respaldo y alegrías dadas todos los días y sin mesura.

A todos los que participaron en las conversaciones y discusiones en el marco del desarrollo de este estudio y que de alguna manera nutrieron las perspectivas con la cuales abordé las temáticas que se desarrollan en este trabajo.

A todos muchas gracias...

PRIMER PRÓLOGO

Almirante ® Rodolfo Codina Díaz

Ex Comandante en Jefe de la Armada de Chile.
Profesor de Estrategias de Seguridad Nacional en el
Magíster de Relaciones Internacionales de la
Pontificia Universidad Católica de Valparaíso.

El libro que hoy tenemos en nuestras manos sobre la "Política hemisférica de ciberseguridad en América Latina" es el producto de una investigación de Hugo Castro, que tiene por resultado una descripción y análisis muy coherente sobre las nuevas conceptualizaciones de Ciberseguridad a nivel nacional e internacional, así como las nuevas amenazas a la Seguridad.

No hay duda de que en la preparación de este libro debe haber significado un considerable esfuerzo para el autor, al entregar un completo análisis sobre el ciberdelito, considerando que esta amenaza es especialmente compleja para el actuar de las Políticas de Seguridad de los Estados, además de la influencia que ha ejercida sobre ella todo el proceso de globalización.

Asimismo, el libro muestra interesantes antecedentes relacionados con el desarrollo de la Ciberseguridad en la Política Hemisférica Latinoamericana y chilena como respuesta al acelerado avance de nuevas formas de delincuencia transnacional utilizando el ciberespacio.

Los distintos tópicos del libro, tales como "La Ciberdelincuencia, la Transnacionalización de los delitos y la Seguridad en las Relaciones

Internacionales", "La Seguridad Hemisférica Latinoamericana adaptada a las nuevas tecnologías", "La Ciberseguridad y avances de cooperación regional e internacional para la sanción del ciberdelito" y "Chile en el camino de la cooperación y el desarrollo en el ciberespacio", permitirán al lector comprender con claridad estos temas que son de actualidad y poco conocidos por la mayoría de las personas.

Por otra parte, el libro explica secuencialmente el concepto de ciberdelincuencia, la ciberseguridad en América Latina, la agenda internacional de ciberseguridad, la regulación jurídica en materias de ciberseguridad en América Latina y el Caribe, además de describir el caso nacional con sus respectivos desafíos, cuyo análisis es objetivo y bien documentado.

Consecuentemente, el libro permite lograr un mayor conocimiento de la realidad internacional y nacional en materias relacionadas con la ciberseguridad y su narración es fluida por lo que creo que atraerá la atención de quienes están interesados en conocer y profundizar sobre este tema.

Por último, el libro contiene variadas notas que permitirán que un lector interesado pueda encontrar información adicional sobre algunos aspectos que dan testimonio de la profundidad de la investigación realizada.

SEGUNDO PRÓLOGO

Dr. Alessandro Monteverde Sánchez

Director Departamento Disciplinario de Historia.
Profesor titular de Historia de América Latina
Universidad de Playa Ancha, Chile.

Los avances, progresos, desarrollos y otros sinónimos, son los que han producido un giro en 180 grados en la aceptación e incorporación de la tecnología en la vida; la vida cotidiana de cada uno de nosotros.

Es necesario en la actualidad –porque ya ha sucedido al momento de escribir estas líneas-, que el tiempo de asimilación y comprensión de los fenómenos sociales como la globalización sean difundidos en milésimas de tiempo y además en múltiples medios adyacentes a los tradicionales.

Por ende, la información ahonda la capacidad de retención y de la atención sobre un estado de la cosa, frente a la multiplicidad -vorágine- de hechos y noticias que pululan delante de la visión individual de cada uno.

Si bien referirnos a temas de la actualidad involucra compromiso, participación, libertad y conocimiento, no es menos cierto, que cada instancia de acontecimientos –hechos, hitos, etc.-, nos mueve a una novedosa realidad que se encuentra en desarrollo dado, por el proceso que "puja" incesantemente, para la aceleración del próximo e inmediata acción.

Hablar de lo cibernético y sus derivaciones –cibercidad o ciberlización[1]-, entro otro el ciber delito, sorprende cuando se escucha

---

[1] Cibercidad=La acción del ciber en relación a su dinámica y acción.

o se lee acerca del mismo, aun cuando todavía, no apreciamos o dilucidamos las dificultades e inconvenientes que este provoca, y genera. El crimen -delito- y sus "tools" evolucionan igual de rápido que la sociedad.

La tecnología, robotización y la "ciberciudad2, son entre otras, acciones del impulso y avance del conocimiento, de las ciencias aplicadas. Aquellas dependientes del hombre, y de su inteligencia, con el apoyo y uso de la inteligencia artificial. Cuestión esta, que como en el pasado, ha quedado graficadas en diversos períodos históricos, tanto en oriente como en occidente.

Si bien nos proporciona una variedad inmensa de beneficios, obviamente están los prejuicios que también corren con gran dinamismo y "astucia".

Este bien adosado texto, del profesor Hugo Castro, nos involucra en esta realidad presente, cotidiana y real. El ciberdelito llegó para ser combatido por quienes dan tal protección. La advertencia del autor son las distintas indicaciones, alcances y presencia, que esta "forma" de crimen- el ciberdelito- que nos ha alcanzado. Algunos medianamente preparados, otros inocentemente atacados y por otro lado, ciertos organismos luchando en defensa contra este flagelo.

El autor en cada página de esta obra, ha buscado matizar y alcanzar un grado de equilibrio, para así dar respuesta y además, una propuesta cercana a cada lector.

Igualmente, debemos señalar que el propósito de estos importantes alcances logrados por el autor en los capítulos del texto, pero con la advertencia de que estos alcances, son la punta de un "iceberg" que es lo visible, porque la profundidad, anchura y masa real

---

Ciberlización=Acción de cómo se desarrolla el ciber en la comunidad general, ya sea territorial, espacial o en la webs. (n/a. Alessandro Monteverde Sánchez).

de la situación está en proceso de quienes piensan, desarrollan y mantienen la Política Hemisférica en América Latina.

PRESENTACIÓN

El presente trabajo pretende entregar antecedentes nuevos y variados a propósito del desarrollo y contención de Nuevas Amenazas o Amenazas No-Tradicionales en Latinoamérica. Básicamente, se estudia el contenido de instrumentos que determinan la orientación hemisférica de la Política de Seguridad y su variante, la Ciberseguridad. La característica principal de las Nuevas Amenazas que se trabajan en este estudio es que utilizan el Ciberespacio como plataforma para delinquir transnacionalmente.

Es decir, se trabajan las variaciones y actualizaciones de los instrumentos internacionales, los informes de las agencias internacionales de carácter gubernamental, como también, se consideran elementos de gran relevancia para entender la entrada de un mercado de la Ciberseguridad y el comercio de los ciberseguros, orientados estos últimos a grandes y medianas Empresas Multinacionales.

Éstas buscan prevenir recurrentes ataques delictuales, a través de estas plataformas, dado que los Estados - en ocasiones menos adelantados en Sofware que las mismas organizaciones delictuales – no logran controlar en su totalidad la entrada de Organizaciones Delictuales Transnacionales que utilizan la red para sabotear, espiar, y robar información privilegiada, estratégica e incluso sensible. De esta forma, afectan no sólo a las organizaciones empresariales o estatales, sino también a los individuos.

El estudio busca caracterizar y sistematizar la escasa información respecto a al desarrollo de políticas preventivas en Chile para el control y tratamiento de los delitos cibernéticos, analizando las concordancias y actualizaciones de los tipos penales y sus adecuaciones a los tratados y consensos internacionales en la materia.

El estudio pretende constituirse como un pequeño complemento a la temática, que incluye la perspectiva hemisférica y la nacional, frente a un problema mundial. Se espera también, que dicho estudio pueda ser de utilidad para quien aborde esta temática u alguna conexa, desde el enfoque de las relaciones internacionales, sin perjuicio de ser un complemento a estudios multidisciplinares que observan e investigan de igual forma estas problemáticas del mundo globalizado.

En definitiva, el estudio se justifica en la medida que pone en la mesa de discusión materias delictuales que afectan de manera muy relevante a las sociedades en tiempos de la hegemonía de las tecnologías de la información y comunicaciones en la era de la globalización. Es importante destacar finalmente, que el problema se trabaja en gran parte por oficinas y agencias internacionales, siendo en nuestro país una temática de reciente reflexión y lento desarrollo.

Valparaíso, Chile.

Otoño, 2018

INTRODUCCIÓN

Hoy y hace varios años ya, el mundo está marcado por el proceso de la globalización. Y por ende, es difícil no considerar dicho proceso como una variable dependiente, frente a cualquier análisis en Relaciones Internacionales. Es innegable - por cierto - la importante y veloz interacción entre las dimensiones políticas, económicas, incluso sociales y étnicas, de carácter mundial, que modifican las estructuras por sobre los procesos de carácter local. Aunque no se trata de un fenómeno reciente, ya que la globalización posee sendas raíces históricas, el efecto que ha provocado en las últimas décadas ha sido de gran relevancia en las diferentes transformaciones que han vivido las relaciones entre actores los internacionales.

No cabe duda de que la globalización entrega buenas oportunidades para el desarrollo de los países. Y éstos con el tiempo, han comprendido que deben diseñar sus estrategias nacionales en virtud de este proceso, considerando las diversas oportunidades que les ofrece. No obstante ello, la globalización plantea grandes riesgos originados en nuevas fuentes de inestabilidad tanto económica como socio-política. Existiendo riesgos de exclusión para aquellos países que no están bien preparados para las fuertes demandas de competitividad, propias del mundo contemporáneo, y riesgos de acentuación de la heterogeneidad estructural, entre empresas, sectores sociales y regiones dentro de los paes que se integran de manera segmentada a la economía mundial. Muchos de estos riesgos obedecen al carácter sesgado e incompleto de la agenda internacional que acompaña al proceso de globalización (Ocampo, 2004: 3).

En ese contexto de riegos y amenazas, producidos mayormente por la globalización, se situá el problema de las Nuevas Amenazas o Amenazas-No Convencionales (Chillier y Freeman, 2005), que afectan la seguridad de los Estados, a partir de la utilización de los espacios de vulnerabilidad producidos por la dependencia de las sociedades contemporáneas a los sistemas de información (Bejarano, 2011: 52-54). A pesar de los diferentes riegos que significan una sociedad cada vez más interconectada digitalmente y cada vez más alejada de los tradicionales procedimientos, la tendencia parece ser imparable.

Los riesgos y amenazas son numerosos y dinámicos. Entre ellos destacan, una mayor y más compleja actividad delictual que se desarrolla transnacionalmente por organizaciones o incluso individuos y que afectan directamente la seguridad nacional (Artiles, 2010: 169). También, se observa el aumento de actividades terroristas, de espionaje y sabotaje o robos de información privilegiada, que utilizan el Ciberespacio y las plataformas de información para enriquecerse afectando no solo la seguridad nacional de los Estados, sino también a Empresas Multinacionales (EMN), Organismos Internacionales Gubernamentales (OIG), No Gubernamentales (ONG) e incluso a los mismos individuos nacionales.

De esta manera, la globalización ha significado una dicotomía en cuanto al desarrollo de los países, pues por un lado, incentiva las relaciones políticas y comerciales beneficiando a los países más competitivos, y por el otro, se plantea como un escenario propicio para el desarrollo de actividades atentatorias contra la Seguridad de los Estados y sus nacionales.

En el presente estudio se analiza el problema existente entre el desarrollo de las actividades delictivas en América Latina realizadas por

Organizaciones Delictuales Transnacionales (ODT) que utilizan el Ciberespacio digital como plataforma para delinquir, y la orientación de la Política Hemisférica de Ciberseguridad Latinoamericana reciente, focalizando el estudio en el caso chileno y la reciente Política Nacional de Ciberseguridad en 2016.

El estudio está dividido en 4 capítulos, que se justifican por la necesidad de especificar varios conceptos previos, para explicar de mejor manera el alcance de esta Nueva Amenaza en el escenario latinoamericano y mundial. El trabajo inicia con una especificación general del tipo de estudio realizado, los aspectos teórico-metodológicos utilizados, además, se explicitan los objetivos y la utilidad del estudio, así como también, se construye el marco teórico del análisis realizado.

En el segundo capítulo, el estudio centra su atención en la evolución y transformación del concepto de Seguridad Hemisférica, desarrollándolo histórica y conceptualmente, pretendiendo profundizarlo al utilizar las Teorías de las Relaciones Internacionales y vincularlo con la aparición de la Ciberseguridad como preocupación regional y mundial. Haciendo hincapié en las estrategias de Seguridad latinoamericanas y la Política Hemisférica al efecto, se argumenta utilizando fuentes de primer y segundo orden, respecto de los usos, niveles, modelos y dimensiones de la Ciberseguridad en la Política Hemisférica Latinoamérica, en el marco de las estrategias diseñadas para la detección, persecución y sanción del ciberdelito, así como también, los problemas presentes en aspectos de homogenización jurídica.

Posteriormente, y a través de un extendido capítulo se analiza en detalle el problema del ciberdelito en Chile, sus manifestaciones más relevantes y las estrategias de seguridad nacional enarboladas en los últimos años de desarrollo. Se plantean algunas propuestas al analizar la situación jurídica de los delitos y su tipificación, buscando realizar un diagnóstico del estado y la orientación de la estrategia de Seguridad Nacional, respecto a la Ciberseguridad y su convergencia con la Política Hemisférica de Ciberseguridad.

Finalmente, el estudio concluye con algunas consideraciones particularizadas esbozadas en la forma de propuestas e interrogantes, para proyectar e incentivar la discusión en la agenda internacional y en materia de Seguridad y Ciberseguridad en Latinoamérica. Se analizan los esfuerzos y se proponen actuaciones en el mediano plazo, en especial en el ámbito de tipificación de los delitos y la cooperación internacional.

Se incluyen también, como anexos, algunos instrumentos internacionales que sirven de guía y herramientas para la profundización de esta temática en Chile y en el marco regional latinoamericano.

El ámbito espacio-temporal de este estudio, se enmarca en el enfoque del Tiempo Presente[2] que considera analizar el desarrollo histórico de los procesos políticos, sociales, económicos, culturales y jurídicos desde una perspectiva analítica y concentrada especialmente en el devenir *reciente* Latinoamericano.

Desde el punto de vista de la problemática internacional, la ciberdelincuencia como Nueva Amenaza, significa para los Estados el aumento de las actividades delictuales asociadas a la utilización del Ciberespacio de manera ilegal, es importante señalar que el ciberdelito

---

[2] El enfoque del Tiempo Presente, en especial la variante de interpretación de Julio Arostegui, la "historia inmediata", nos son útiles para analizar los procesos en cuestión, considerando las divisiones espacio temporal de este enfoque historiográfico, que está paulatinamente siendo usado para justificar la necesidad de trabajar aspectos en perspectiva histórica desde la actualidad. Para profundizar se sugiere revisar a Aróstegui, Julio. "Ver bien la propia época (nuevas reflexiones sobre el presente como historia)" en *Sociohistórica*: (2001), vol: 9-10: pág.13-43. Disponible en: http:www.fuentesmemoria.fahce.unlp.edu.ar/art_revistas/pr.2938/pr.2938.pdf .

le cuesta al mundo hasta US$575.000 millones al año[3], lo que representa 0,5% del PIB global. Esto significa casi cuatro veces más que el monto anual de las donaciones para el desarrollo internacional. En América Latina y el Caribe, por ejemplo, este tipo de delitos nos cuestan alrededor de US$90.000 millones al año (PRANDINI y MAGGIORE, 2011: 16-17). Bajo esta realidad, es impensable la serie de programas I+D+I que podrían potenciarse con estas cifras que se pierden en las cuentas bancarias de los cabecillas de las Organizaciones Delictuales Transnacionales que utilizan las TICs y el ciberespacio para delinquir y vulnerar la seguridad de los actores internacionales.[4] (BID-OEA, 2016)

Una dura realidad actual es que el desarrollo de Internet en el marco de mundo globalizado ha significado una transformación en las formas de relacionarnos, ya sea individual o colectivamente, incluso representados por organismos sujetos de derecho internacional. El aumento de la conectividad a Internet hace que un número cada vez mayor de personas estén conectadas en un espacio virtual en gran parte público y de carácter transnacional, lo que proporciona una plataforma dinámica y de crecimiento que permite que avance la comunicación, la colaboración y la innovación de manera en que nunca antes hubiéramos podido imaginar. (BID- OEA, 2016: 11)

Este escenario es el de América Latina y el Caribe, puesto que hoy más de la mitad de la población de Latinoamérica ya está conectado a la red, y la tasa de crecimiento de nuevos usuarios se encuentra entre las más altas del planeta[5].

---

[3] Ver tablas estadísticas en Center for Strategic and International Studies and McAfee (Firm). Net Losses: Estimating the Global Cost of Cybercrime. (2014) pag. 23, Disponible en https://www.mcafee.com/de/resources/reports/rp-economic-impact-cybercrime2.pdf.
[4] Mensaje del Presidente del BID. (2016) Ciberseguridad ¿Estamos preparados en América Latina y el Caribe? Informe Ciberseguridad 2016, OBSERVATORIO DE LA CIBERSEGURIDAD EN AMÉRICA LATINA Y EL CARIBE. BID – OEA. pág. 3.
[5] Se recomienda ver el Informe sobre el Estado de la banda ancha en América Latina y el Caribe 2016 de la CEPAL, en este documento se presenta una visión sintética del estado de la banda ancha en América Latina, medida en términos de acceso, asequibilidad y uso. Si bien en el último quinquenio, se aceleró el avance de Internet en

Es esta misma elevada inserción al mundo digital, que nos pone por delante inmensos riesgos, a partir de la dependencia al uso los sistemas financieros, empresariales, políticos e incluso culturales que utilizan el soporte digital para desarrollar sus transacciones y actividades en diversas plataformas web donde interactuamos día a día.

Los estudios realizados por organizaciones y oficinas intergubernamentales a nivel regional[6], nos indican con detalle que las actividades delictuales y ataques cibernéticos, en especial los que se desarrollan con intención lucrativa, están aumentando en técnica, frecuencia y complejidad. Algunas agencias especializadas gubernamentales y empresas multinacionales han reconocido la necesidad de elaborar marcos jurídicos y estrategias nacionales y regionales de seguridad cibernética (Paredes,2013: 49). También se han desarrollado instancias para la discusión, reflexión y fortalecimiento de la cooperación y el intercambio de información útil para la detección de bandas y organizaciones que actúan delictualmente sin considerar límites fronterizos, escapando en ocasiones de la justicia y quedando impunes al moverse libremente por los países en que actúan.

Según Luis Almagro (2016), Secretario General de la Organización de los Estados Americanos;

"En la actualidad se entiende que el delito cibernético no reconoce fronteras nacionales y que se requiere un esfuerzo multilateral y

---

América Latina y el Caribe y la penetración de las conexiones en banda ancha también creció fuertemente, particularmente en la modalidad móvil, aún quedan pendientes problemas relacionados con la calidad y equidad en el acceso a esta tecnología. Asimismo, persisten las diferencias en el acceso entre las zonas rurales y urbanas, y entre quintiles de la distribución del ingreso, cuestiones que se relacionan intrínsecamente con la seguridad del espacio cibernético. El informe está disponible en: https://www.cepal.org/es/publicaciones/estado-la-banda-ancha-america-latina-caribe-2016

[6] Se recomienda ver el informe *Tendencias de seguridad cibernética en América latina y el Caribe 2014*, disponible en: https://www.sites.oas.org/cyber/Documents/2014

multidimensional para abordar la cantidad de amenazas informáticas.[7]

Las Organizaciones Internacionales Gubernamentales, preocupadas de la seguridad de la información y en virtud de los procesos actuales de integración han procurado avanzar en una agenda contra la Ciberdelincuencia, fomentando el desarrollo de la Ciberseguridad. Por ejemplo, la OEA ha estado comprometida con esta temática ya hace más de una década, fomentando en los Estados Miembros protocolos y procedimientos pensados para proteger a los nacionales y a las empresas (CARRASCO, 2013: 52-55). Un ejemplo de ello, es que durante el año 2004, los miembros de la OEA lograron aprobar, luego de arduas discusiones, la *Estrategia Interamericana Integral para Combatir las Amenazas a la Seguridad Cibernética*[8], que significaba la unión y coordinación de esfuerzos entre los Estados Miembros para iniciar una lucha hemisférica contra las nuevas amenazas del Ciberespacio. Esta estrategia entregaba un marco piloto para enfrentar este problema. Esto significó un inicio difícil pero importante para el desarrollo operativo de una Política Hemisférica de Ciberseguridad, diferente al concepto de Seguridad tradicionalmente abordado en las Relaciones Internacionales, y que durante los años recientes se ha vuelto más fuerte. Sin embargo, se debe tener en consideración que los problemas para la generación de una agenda conjunta y coordinada entre los actores internacionales no están exentos de complicaciones. Puesto que las Organizaciones Delictuales Transnacionales también actualizan sus técnicas y modos de ataque cibernético con gran velocidad y en consecuencia, estas se han vuelto más fuertes y menos detectables.

---

[7] Segundo Prólogo al Informe de Ciberseguridad BID, (2016) Pág. 16. Disponible en https://publications.iadb.org/bitstream/handle/11319/7449/Ciberseguridad-Estamos-preparados-en-America-Latina-y-el-Caribe.pdf?sequence=7&isAllowed=y
[8] Resolución AG/RES. 2004 (XXXIV-O/04). Disponible en: http://www.oas.org/juridico/english/cyb_pry_estrategia.pdf

Una de las plataformas hemisféricas que se ha preocupado de ayudar a los Estados a diseñar estrategias de Ciberseguridad es el *Programa de Seguridad Cibernética del Comité Interamericano contra el Terrorismo de la OEA (CICTE)*[9], que desde hace algunos años, ha capacitado a grupos de gestión institucional, asesores empresariales y actores de la sociedad civil para mitigar el daño causado por las diversas manifestaciones de Ciberdelitos cometidos contra ellos (SANCHEZ,2013:4-7). De esta manera, el CICTE ha contribuido directamente a contar con un dominio cibernético más seguro y vigilante en el Caribe y América Latina (BID- OEA, 2016: 11). Así también, muchas otras organizaciones gubernamentales y no gubernamentales han desarrollado propuestas y estrategias para la prevención e incluso la sanción de estos delitos con reconocimiento internacional, organizaciones y oficinas internacionales que serán analizadas más en profundidad en lo sucesivo de este trabajo.

Continuando con el desarrollo del problema abordado en este estudio, es necesario indicar que no obstante los avances en cooperación y coordinación entre los Estados y los organismos internacionales contra el fenómeno de la ciberdelincuencia han avanzado cuestionablemente, no se han logrado constituir verdaderas barreras contra esta Nueva Amenaza, de modo que es necesario identificar dichos problemas y proponer algunas soluciones hipotéticas para ir generando discusiones sucesivas y preocupación académica sobre esta temática.

Por ejemplo, en la actualidad las actividades delictivas en plataformas cibernéticas muestran una distribución al alza entre actividades con motivaciones financieras, actos relacionados con contenidos informáticos y contra la confidencialidad, integridad y

---

[9] Se recomienda consultar la página institucional de OEA, especializada contra el Cibercrimen (CICTE) Disponible en: https://www.sites.oas.org/cyber/Es/Paginas/default.aspx

accesibilidad de los sistemas de información sensible o privilegiada. (UNODC, 2013: 16)

No obstante ello, algunos Estados y empresas privadas entienden de manera diferente la amenaza y el riesgo que significan estas actividades delictuales a la seguridad de sus instituciones. Hoy por hoy, los datos respecto del desarrollo cuantitativo de las actividades delictivas son normalmente registrados por los cuerpos de policías de los Estados, por lo que no representan la realidad en su plenitud, y menos para realizar análisis comparados de la situación. Efectivamente sus datos y estadísticas son de mucha utilidad para elaborar estrategias a nivel nacional, pero no así en perspectiva hemisférica. Las tasas de delito cibernético registradas por las policías están asociadas con los niveles de desarrollo del país y la capacidad especializada de la policía, y no con las tasas delictivas subyacentes. (ONU, 2013; 16)

Otro elemento que conviene sumar al planteamiento de este problema, son los efectos multidimensionales causados por el Ciberdelito en América Latina (PRANDINI y MAGGIORE, 2011). Según los datos y estadísticas entregados por las oficinas y departamentos especializados sobre esta materia, el Ciberdelito compromete distintas áreas de la sociedad. Por ejemplo, según un estudio realizado por la agencia internacional Grant Thornton[10] publicado en 2017 en el portal especializado Law And Trends[11], entre 2015 y 2016 el desarrollo de actividades delictuales cibernéticas ha aumentado en un 40 %, lo que se

---

[10] Grant Thornton International es una de las mayores organizaciones mundiales de servicios profesionales de auditoría y asesoramiento fiscal, legal y financiero. Las firmas miembros de Grant Thornton, presentes en más de 130 países y con más de 38,500 profesionales, ofrecen una amplia gama de servicios y un asesoramiento con valor añadido y práctico para ayudar a las empresas dinámicas a liberar su potencial de crecimiento, ya sean cotizadas, multinacionales o familiares. Grant Thornton International Ltd es una organización sin actividad comercial, que no presta ni vende servicios bajo su propio nombre, creada y organizada como sociedad de responsabilidad limitada, constituida en Londres, Reino Unido, y sin capital social. Ver más información de los servicios que presta esta agencia en su Web site: https://www.grantthornton.global/en/
[11] Ver infografía sintetizada del estudio de la agencia Grant Thornton en: http://www.lawandtrends.com/noticias/tic/tres-de-cada-diez-empresas-espanolas-han-sufrido.html Consultado en agosto de 2017

refleja en una pérdida de 256 millones de Euros sólo en Ciberataques a empresas durante el año 2016.

Pero esta Nueva Amenaza no sólo produce impactos negativos en términos económicos. Pues, en relación con las diversas consecuencias de los Ciberdelitos, podemos mencionar que los daños a la reputación constituyen el impacto más importante. Según este estudio, que consultó más de 2500 empresas a nivel mundial, este fenómeno afectaría su imagen corporativa en un 45%. Además, el estudio privado señalo que, existen alrededor de un 52% de empresas que no han contratado un *ciberseguro*[12], mientras que un 13 % desconocen su existencia y un 35% los utiliza desde hace 2 años a lo menos. Esto nos lleva a otro problema que se deriva del desarrollo de esta amenaza internacional, el negocio de la Ciberseguridad (SANCHEZ, 2016). Las medidas adoptadas por los privados y los Estados son de disímil naturaleza. Por un lado las empresas han asegurado procurar buscar medios propios para contrarrestar el flagelo cibernético que les provocan estos Ciberataques. Los Estados, por su parte, han intentado profundizar en la creación de marcos regulatorios comunes para actualizar sus modelos punitivos y sancionatorios, con el objeto de homogenizar a nivel hemisférico los procedimientos de persecución a los delitos cibernéticos transnacionales.

Además, las estrategias hemisféricas han ido acompañadas de fuertes inversiones en términos de seguridad y actualización de plataformas de información. No obstante, la inversión es desigual, lo que provoca que surjan países con mayor índice de ataques cibernéticos. Por ejemplo, en América Latina se destinan cerca de 400 Dólares per cápita anualmente al desarrollo de las TIC's y los países

---

[12] Un estudio mas particularizado al respecto lo propone Carmen Sánchez Montañés. VALORACIÓN DE INTANGIBLES PARA LA CIBERSEGURIDAD EN LA NUEVA ECONOMÍA. Tesis Doctoral. Universidad de Sevilla. España. (2016) Disponible en: https://idus.us.es/xmlui/bitstream/handle/11441/63996/COPIA%20TESIS.pdf?sequence=1&isAllowed=y

desarrollados, en cambio, gastan entre 2.000 y 3.000 USD anuales. (Rodríguez, 2013)

En síntesis, la problemática de las operaciones y actividades cibernéticas de carácter delictual y transnacional es un problema real y reciente, que afecta en diferentes proporciones a los actores del sistema internacional. Los impactos que ha provocado en términos económicos son de gran relevancia. No solo al mermar el estado financiero, competitivo o de infraestructura de las instituciones, sino también porque crea un mercado especializado para la defensa privada contra la amenaza. Considerando también, el grado de discordancia entre las Políticas de Seguridad Hemisférica y la las realidades nacionales, respecto al desarrollo de estrategias nacionales disociadas, en ocasiones, de la política hemisférica.

Chile cuenta con una legislación que deja fuera de la tipificación penal a algunas prácticas delictuales cibernéticas que hoy predominan, manteniendo cierta impunidad y obligando a proyectar discusiones al respecto. Es por ello, que se observan sus dificultades en la incorporación nacional a los estándares del a política hemisférica, concentrándonos en el problema de la homogenización de los parámetros jurídicos de persecución y sanción del ciberdelito. Utilizando para ello la ley 19.223 y el Convenio de Budapest.

Para guiar este estudio se plantean dos preguntas de investigación que se articularán en virtud de dos tópicos trabajados con mayor énfasis. Los tópicos señalados son, por un lado, la Política Hemisférica de Ciberseguridad y su relación con los delitos transnacionales y por otro, la ciberdelincuencia como Nueva Amenaza en el sistema internacional y para Chile en lo particular. La primera que trataremos de responder es ¿Cómo se ha sido constituido el proceso de desarrollo y actualización de la Política Hemisférica de Seguridad Latinoamericana respecto a la ciberdelincuencia? Para luego abordar el

27

problema de ¿Cómo ha adecuado Chile su política de Seguridad cibernética en consideración al desarrollo hemisférico - regional? En cuanto a la metodología utilizada para responder aquellas interrogantes el trabajo se aproxima al tema desde un análisis cualitativo dado que observa la experiencia latinoamericana en materia de Ciberseguridad, utilizando para ello los diversos instrumentos internacionales al efecto, además de informes de organizaciones gubernamentales especializadas, centros de estudio particulares preocupados de la seguridad cibernética empresarial y una vasta bibliografía que supone el marco de referencia al respecto. Los instrumentos son observados y analizados bajo una matriz comparativa, que contrapone las trasformaciones conceptuales de la política de seguridad latinoamericana y la evolución de las tecnologías de las comunicaciones que participan en la construcción me mecanismos preventivos y sus respectivo procedimiento para la persecución y sanción a las actividades ilícitas que utilizan el ciberespacio.

En lo particular, se observa el Ciberdelito como fenómeno transnacional, analizando su impacto y las formas de adhesión a los parámetros internacionales por parte de los países de Latinoamérica. El caso de Chile y su proceso de adecuación al convenio de Budapest y las consiguientes trasformaciones jurídicas internas que se están desarrollando actualmente, constituyen el estudio particularizado de este trabajo.

En este sentido se comparan los avances latinoamericanos en materia de Ciberseguridad regional con los objetivos alcanzados en las Agendas de los gobiernos de Sebastián Piñera (2010-2014) y Michelle Bachelet (2014-2108).

LA CIBERDELINCUENCIA, LA TRANSNACIONALIZACIÓN DE LOS DELITOS Y LA SEGURIDAD EN LAS RELACIONES INTERNACIONALES

I

LA CIBERDELINCUENCIA

La historia de la vulneración del ciberespacio y los ciberdelitos puede remontarse probablemente a las primeras experiencias de generación de códigos maliciosos. En efecto, el desarrollo de lo que hoy se conoce por virus fue en sus comienzos experimental y no tenía como objetivo realizar un daño sino desafiar a los sistemas operativos de la época (PRANDINI et al,2012).

En 1982 se programó el primer virus informático para las computadoras Apple II - aunque aún no se le denominaba de esa manera - que se propagaba infectando los disquetes del sistema operativo (FICARRA, 2002). Sin embargo, existen también antecedentes que dan cuenta de la existencia de casos registrados para el sistema IBM 360 a principios de los años '70 (VILCHES, 2000: 3).

El primer virus para PC IBM fue creado por dos hermanos pakistaníes en 1986, con la intención de proteger de la piratería los programas de su autoría. Unos años después, en noviembre de 1988 el "Gusano de Morris" sacó de servicio al 10% de las computadoras VAX y SUN conectadas a Internet en los EE. UU, afectando a unos 60.000 equipos en total. De hecho, se le atribuye a Andy Sudduth, estudiante de la Universidad de Harvard, la frase *"Hay un virus suelto en la*

29

Internet" (PRANDINI et al,2011), pronunciada unos minutos después de que se conociera el incidente. El origen de esta primera infección masiva fue un programa de 99 líneas, escrito por Robert Tappan Morris, estudiante de doctorado de la Universidad de Cornell, que llevó a que los equipos infectados se vieran inundados por miles de tareas, forzando a los administradores a desconectarlas directamente de la red.

Años después en el 2001, el gusano *"Código Rojo"* causó una denegación de servicio de una gran cantidad de sitios web, afectando los servicios de Internet y dejando fuera de línea a las operaciones de varios gobiernos y empresas.

Hace no muchos años a fines del siglo XX, el software malicioso era muy molesto y peligroso en tanto y en cuanto podía ser la causa de la pérdida de información valiosa como consecuencia. (PRANDINI et al,2012)

En las organizaciones, la situación empezaba a tornarse más grave ya que se inundaban las redes produciendo una reducción importante del tiempo de respuesta, más el daño ya mencionado en los equipos. Todo esto conllevaba y conlleva también hoy, sin lugar a dudas, a importantes pérdidas económicas, tanto por el valor de la información en sí, como por el tiempo que absorben las tareas de detección del problema y luego de recuperación y reconstrucción de los datos afectados, en los casos en que esto es factible. Esta situación creció en volumen con el masivo uso del correo electrónico que sirvió como medio de transporte de archivos infectados. Hasta aquí, el daño se circunscribía al hardware y software impactando sobre la operatoria tanto de las organizaciones como de usuarios individuales.

A comienzos de este siglo la situación comenzó a cambiar. El auge de Internet, la innovación permanente que requiere la generación de software que probablemente no ha sido lo suficientemente probado en sus aspectos de seguridad, la necesidad de ganar mercados, la inundación de nuevos dispositivos, protocolos, lenguajes, paradigmas de desarrollo, herramientas de automatización, etc., han presentado una cantidad inusitada de oportunidades para quienes buscan algo más que desafiar a la tecnología. Más aún, la expansión del uso de las PC y la penetración exponencial de Internet con una banda ancha cada vez mayor, la creciente dependencia de las organizaciones respecto de las tecnologías de la información y las comunicaciones y el soporte que éstas brindan a las infraestructuras de servicios esenciales de los países, han creado un panorama complejo para la adopción de medidas adecuadas de protección de la información en formato digital. En este contexto, empiezan a aparecer personas y organizaciones que utilizan toda la tecnología disponible para generar redes con propósitos delictivos de todo tipo, desde obtener ganancias a partir del fraude a producir múltiples daños a compañías específicas o a infraestructuras críticas nacionales. En este sentido, el software malicioso y otros tipos de ataques surgidos a lo largo de estas últimas décadas han evolucionado hacia la generación de amenazas vinculadas a la comisión de actos ilícitos con el objetivo de obtener beneficios económicos, el mero reconocimiento de la comunidad de ciberatacantes o la venganza respecto a una o varias entidades específicas.

En este sentido, actualmente resulta habitual relacionar los ciberataques con el negocio del crimen organizado transnacional. Como puede apreciarse, el panorama es completamente diferente al que se presentaba en los primeros tiempos, pudiendo observarse amenazas más complejas y sofisticadas, más agresivas, mejor dirigidas y con intenciones más claras y concretas. A manera de ejemplo, los sitios web y el software maliciosos han aumentado casi seis veces durante los años 2012 y 2017 (PRANDINI et al,2012), pudiéndose observar una cantidad de nuevas formas de ciberdelincuencia. Un factor que debe tenerse en cuenta es la necesidad de investigar el negocio generado por estas amenazas, la dimensión de su verdadero impacto, las motivaciones que se esconden detrás de su desarrollo y la manera en que operan los ciberdelincuentes, alimentando una economía clandestina que crece exponencialmente día a día. Un modelo de negocio delictivo que en la actualidad es ampliamente explotado a través de Internet y que hoy se conoce como ciberdelito.

Los especialistas opinan que el ciberdelito se está expandiendo en Latinoamérica y que los negocios de estas organizaciones criminales dejan ganancias semejantes a las de otros delitos de gran envergadura.[13] Con la creciente amenaza de ciberdelincuentes que buscan información corporativa y sobre los consumidores, la seguridad de la información pasa a ser un aspecto primordial en el uso de las tecnologías y en la elaboración de políticas de seguridad a nivel nacional como internacional.

II

LA TRANSNACIONALIZACIÓN DE LOS DELITOS

Un segundo tema de referencia es el fenómeno que ha golpeado a todos los países del mundo y que tiene como punto de partida los mismos mecanismos y los mismos intereses de la globalización, respecto a la cual algunos autores lo consideran parte esencial y lógica, que es la internacionalización de la delincuencia cibernética lo cual nos obliga a hacer referencia a dos conceptos, tanto el de internacionalización como el de transnacionalización. Al hacer mención

---

[13] Ver los siguientes enlaces, estos muestran algunos ejemplos de la magnitud de esta economía ilegal: Profesional.com - El ciber crimen mueve tantos millones como el narcotráfico y se expande en toda la región http://negocios.iprofesional.com/notas/106780-El-cibercrimen-mueve-tantosmillones-como-el-narcotrafico-y-se-expande-en-toda-la-region
El país.com - Guillaume Lovet: "El cibercrimen es más rentable que el tráfico de heroína" http://www.elpais.com/articulo/portada/Guillaume/Lovet/cibercrimen/rentable/trafico/heroina/elpepisupib/20 100422elpcibpor_4/Tes

de la internacionalización de la delincuencia cibernética, realmente nos estamos refiriendo a dos fenómenos que son muy semejantes, pero no idénticos y que sin embargo han sido tratados casi siempre como equivalentes. Hablamos de los delitos transnacionales y de los delitos internacionales. Estos dos fenómenos se presentan, los primeros, cuando la delincuencia actúa en diferentes países iniciándose en uno, desarrollándose en otro y quizá ejecutándose en un tercero, es decir, trasnacionalmente; y los segundos cuando el delito se verifica en lugares que se pueden considerar realmente internacionales, en virtud de no pertenecer a la jurisdicción directa de ningún país en especial, como los mares o los cielos internacionales (PRANDINI et al,2011).

En realidad, y de manera general, no se hace una división rigurosa de ambos tipos de delito e inclusive, se utiliza indistintamente la terminología de transnacionales e internacionales, ya que el fenómeno de la globalización ha hecho que se reconozca que aun las áreas llamadas así internacionales, afectan los intereses y la economía de todos o de muchos países, como contaminación de aguas, tierras y aire. En un congreso sobre prevención del delito y tratamiento del delincuente, organizado por la ONU en 2015, se habló de una aceptable clasificación de los delitos internacionales agrupados en cinco clases principales:

1. La delincuencia internacionalmente organizada de tipo mafioso, cuyo objetivo último es el lucro.

2. Los delitos económicos que llevan aparejadas operaciones y transacciones en más de un país y que no se homologan con los llamados delitos patrimoniales que generalmente son de carácter individual.

3. Las actividades terroristas de naturaleza transnacional.

4. El comercio ilícito transnacional con objetos de arte pertenecientes al patrimonio cultural y religioso de una nación.

5. Las actividades que, por contaminación o de otra forma, afectan el equilibrio ecológico y la estabilidad ambiental de más de un país.

6. Las actividades ilícitas que utilizan el ciberespacio para la obtención de beneficios económicos. (ONU, 2015)

Es precisamente a este tipo de delitos a los cuales nos referimos al hablar de la internacionalización de la globalización de la delincuencia, sin excluir aquellos que se señalan en el Estatuto de la Corte Penal Internacional y los demás que históricamente se han practicado entre países y a través de sus fronteras o en zonas internacionales y que en el momento actual han recuperado terreno pese a que parecían haber pasado a la historia, como la piratería marina y fluvial y la esclavitud, entre otros (MENDOZA,2005; 45). Hasta hace poco tiempo, los delitos llamados internacionales se encontraban conceptualizados en tratados internacionales o bien derivaban de las leyes internacionales consuetudinarias o se encontraban tipificados en ambos.

Sin embargo, el Consejo de Seguridad de las Naciones Unidas, en septiembre de 2001 verificó un cambio radical al afirmar que "cualquier acto individual de terrorismo internacional constituye una amenaza a la paz y la seguridad internacional y por ende, todos los Estados tienen la obligación de criminalizar dichos actos así como su financiamiento" (C.S.N.U,2001). Más aún, se precisa que "los delitos internacionales se pueden definir como todas las formas de conducta de naturaleza criminal que tiene su base u origen en leyes internacionales, directamente o mediante la legislación nacional", (C.S.N.U,2001). abriéndose la posibilidad de que dichos tipos delictivos se originen tanto en tratados, legislación internacional consuetudinaria o cualquiera otra fuente de legislación internacional como serían las Resoluciones del Consejo de Seguridad de la Organización de las Naciones Unidas.

Cuando hablamos de la internacionalización del delito, señalándole características especiales en la época actual, se hace necesario revisar, aunque sea a grandes rasgos, la sociedad tal como se encuentra en estos momentos, a escala global, lo que pudiéramos llamar la sociedad mundial. Ello no excluye tampoco apreciar las diferencias claramente existentes entre los diversos grupos o sociedades nacionales que la integran, para comprender cómo los avances científicos y tecnológicos, especialmente en comunicaciones y transportes, reducen la separación entre países y aun la intercontinental, pero no hacen desaparecer esas diferencias, por encima de todos los tratados y acuerdos bi o multinacionales que se anuncien. (MENDOZA, 2005; 45).

Comprendiendo la situación de la intercomunicación en el mundo en estos momentos, encontramos que el aspecto de prevención y represión del delito es el meollo del problema en lo que se refiere al interés de este trabajo, ya que es el que se ve más afectado con la transnacionalización. La sociedad, tanto nacional como mundial, se ve beneficiada por todas las mejoras tecnológicas actuales, las cuales permiten un mayor conocimiento entre las poblaciones de los países del mundo, facilitando el turismo y las comunicaciones internacionales y la transmisión de noticias, buenas y malas en el momento en que los hechos están sucediendo, de manera que se conozcan en todos los confines del mundo. (PRANDINI et al, 2011).

Estas situaciones internacionalización y transnacionalización de los delitos cibernéticos, nos lleva directamente al concepto de seguridad (refiriéndose al uso coloquial del término), una alocución que designa atributos de los seres que se hallan ciertos de sí mismos, y también una cualidad de las cosas que no ven restringida su capacidad de desarrollo (Orozco, 2005: 3).

III

LA SEGURIDAD EN RELACIONES INTERNACIONALES

Cuando hablamos de seguridad en Relacionales Internacionales, uno de los conceptos esenciales en la disciplina, no lo hacemos únicamente como en la vida cotidiana, concebida como una "ausencia de peligro", sino que nos referimos principalmente a ese conjunto de teorías y análisis que ponen en el centro aspectos como la guerra, la paz y la seguridad (PÉREZ DE ARMIÑO,2006)

En filosofía política, de acuerdo con las tradiciones de pensamiento de Martin Wight[14], algunos de los pensadores clásicos de la política internacional teorizaban ya sobre aspectos de la seguridad. Gabriel Orozco (2005) explica, por ejemplo, que la concepción hobbesiana considera a la seguridad como un elemento capaz de vertebrar estabilidad social en un estado, en alusión al Leviatán. La tesis grociana afirma, por otro lado, que la seguridad dependerá de las normas que regulan a la sociedad internacional. Por último, la asunción kantiana, parte de la premisa de que se logrará la seguridad mediante la creación de instituciones internacionales y la creación de redes trasnacionales de ciudadanos.

En el año 1919, se inauguraba la cátedra Woodrow Wilson, la primera en relaciones internacionales, en la que pretendía analizar la nueva realidad política internacional. El presidente norteamericano publicó un año antes los famosos "Catorce Puntos", una serie de criterios de negociación y promoción de paz a nivel mundial. En el otro lado del mundo, Vladimir Lenin propugnaba por una tesis parecida

---

[14] Las tradiciones de pensamiento de Martin Wight se basan en visiones del mundo, formalizadas mediante los tipos ideales de hobbesianos (anarquía), kantianos (emancipación) y grocianos (orden). El objetivo de las tradiciones de pensamiento es ofrecer una visión de cómo funcionaba la política internacional antes del siglo XIX, ya que no existía teoría de las Relaciones Internacionales.

mediante el "Informe para la paz" (CASTRO, 2017) pero por unos medios totalmente diferentes. Pese a tratarse de visiones contrapuestas, los dos líderes creían firmemente en un mundo estable, pacífico y próspero. La sociedad de naciones, creada en 1919, tenía ese mismo objetivo: paz mundial y orden internacional estable (CASTRO, 2017). Sin embargo, una serie de sucesos hicieron estallar una guerra más mortífera en 1939.

El espíritu pacifista wilsoniano, tildado de utópico por los realistas clásicos, quedó obsoleto y fue sustituido por el de la seguridad. El realismo, la doctrina predominante en Relaciones Internacionales tras la Segunda Guerra Mundial, fue el principal artífice de las concepciones de seguridad. Tras la fallida de la Sociedad de Naciones, las potencias vencedoras de la guerra, dirigidas principalmente por Estados Unidos, decidieron crear una nueva organización internacional, Naciones Unidas. La carta de las Naciones Unidas, firmada en San Francisco el 26 de junio de 1945, representaba y sigue representando el principio vertebrador los objetivos de dicha organización: la paz y la seguridad internacional.

Más aun, dentro de la organización, la institución más poderosa es el Consejo de Seguridad, formado por únicamente cinco miembros (los cinco vencedores de la guerra) y es el encargado de mantener la paz y la seguridad. Naciones Unidas era, aparentemente, el arreglo ante la hecatombe producida por las magnitudes de la guerra. Pero durante los primeros años, Estados Unidos, ya en una confrontación contra la URSS, dominaba la institución y proyectaba sus intereses a través de ella.

Es decir, la situación post Segunda Guerra Mundial estaba marcada por un mundo destrozado que tenía que ser reconstruido, en el que único vencedor -real- fue Estados Unidos; su economía y su poder emergió como el más poderoso de la historia. Es justo en ese momento que el estudio de seguridad estaba en pleno apogeo. Cuando inicia la Guerra Fría urge *"la necesidad de estudiar la rivalidad nuclear entre las dos superpotencias"* (PÉREZ DE ARMIÑO,2006: 301). En este sentido, explica Karlos Pérez de Armiño, *"los estudios de seguridad constituyen en sí un campo académico, cuya articulación gira en torno al concepto de seguridad"* (PÉREZ DE ARMIÑO,2006: 301). Los estudios de seguridad son *"imprecisos en sus fronteras disciplinares y de la gran pluralidad de actores que abarcan"*. (PÉREZ DE ARMIÑO,2006: 302)

Por otra parte, según Waever (1998) *"paz y seguridad son conceptos estrechamente vinculados, aunque existe una gran variación sistemática en el uso de uno y otro"*. Es decir que para entender a la seguridad necesitamos conocer las convergencias y divergencias entre paz y seguridad, así como su evolución histórica. Diferenciamos, en este sentido, por un lado, los estudios de seguridad y por otro lado los de investigación para la paz, ambos incorporados dentro de eso de lo que llamamos seguridad internacional.

La concepción tradicional de seguridad, surgida en los primeros años de Guerra Fría, debido a las influencias del realismo y a los llamados "estudios estratégicos", se basaba principalmente en dos aspectos principales: una visión estatocéntrica y una dimensión político-militar (WAEVER, 2002: 304).

Según Armiño (2006), *"se considera que el objeto referente de la seguridad es el estado"*, por lo que lo importante es garantizar su seguridad nacional. El realismo ha sido la principal determinante en este tipo de estudios, evolucionando y mostrándose con múltiples variantes, desde el realismo clásico con su concepción frente a que la naturaleza humana genera un mundo de lucha permanente, hasta el neorrealismo waltziano con la tesis de que la estructura anárquica del

Sistema Internacional determina el comportamiento de los actores, entre otros[15].

El liberalismo también ayudó a configurar, en menor medida, la concepción tradicional de seguridad, pero aportando una visión "progresista y normativa", creyendo que la seguridad debe construirse mediante *"la cooperación y la creación de mecanismos de seguridad colectiva"* (PÉREZ DE ARMIÑO, 2006: 306), en la que influyeron, como en el realismo, múltiples variantes. La visión tradicional, de marco carácter norteamericano céntrico, entró en crisis con el fin de la Guerra Fría, debido a que *"las amenazas militares perdían su preeminencia a favor de otros problemas"*, por lo que tuvo que actualizarse y adaptarse a nuevos debates. (PÉREZ DE ARMIÑO, 2006: 308)

En líneas generales, debido a las influencias del realismo en los estudios de seguridad, el nivel de seguridad utilizado es el Estado, en el que la "seguridad nacional" emerge como reacción a la *"seguridad colectiva"* (WAEVER, 2002: 78). *Sin embargo, existen otras visiones como la constructivista, que afirma que "el interés nacional es sólo la expresión de la identidad de una sociedad, la cual es artífice de los procesos de relación de las unidades del sistema"* (OROZCO, 2006: 7). Existen también otros niveles de seguridad, como la seguridad humana, que supuso un giro copernicano en la disciplina, poniendo al individuo como el centro del análisis (BARBÉ, 2017). Y desde ésta, junto a la seguridad militar y nacional surge la Ciberseguridad, pues su preocupación abarca una dimensión diferente a la que tradicionalmente fue el centro de preocupación de los realistas y neorrealistas. Es decir, el ciberespacio se constituye hoy como un universo social, económico político, cultural, etc., alterno a la realidad material o física, como quiera llamársele en la que vivimos. Y que la Seguridad ha debido adaptarse para procurar así,

---

[15] También se pueden incluir otros como el realismo neoclásico, el realismo estructural defensivo, el realismo estructural ofensivo, etc.

cautelar la seguridad nacional en todos sus niveles, hablando hoy de gobernanza del ciberespacio.

SEGURIDAD HEMISFÉRICA LATINOAMERICANA ADAPTADA A LAS NUEVAS TECNOLOGÍAS: CIBERSEGURIDAD Y AVANCES DE COOPERACIÓN REGIONAL E INTERNACIONAL PARA LA SANCIÓN DEL CIBERDELITO

I

DESDE UN CONCEPTO DE SEGURIDAD TRADICIONAL A UNA POLÍTICA HEMISFÉRICA DE SEGURIDAD MULTIDIMENSIONAL

La seguridad hemisférica posee múltiples dimensiones. Algunos fenómenos como la transnacionalidad, la delincuencia cibernética, el ciberespacio, el terrorismo, entre otros elementos, no solo han modificado y condicionado la agenda internacional actual, sino que resumen, en materia de Ciberseguridad las características complejas de la sociedad internacional globalizada, por tanto se convierten obligadamente en un foco de reflexión, análisis y critica de gran relevancia para las Relaciones Internacionales.

Uno de los aspectos más destacables del siglo XXI, es la llamada revolución de las comunicaciones (MORANDÉ Y AGUIRRE, 2016). Dicha revolución, ha puesto en evidencia la necesidad de observar con mayor atención las interacciones humanas en el ciberespacio, al mismo tiempo que pone el foco en la seguridad de estas interacciones. La tradicional Seguridad se ha adaptado tras un largo proceso internacional, al punto que hoy las principales preocupaciones de los bloques regionales y los Estados, es resguardar, legislar y combatir las amenazas que subsisten en dicho Ciberespacio. El proceso de transformación de un concepto de Seguridad unidimensional a uno multidimensional obedece a esta transformación y tiene una evolución histórica que es importante considerar.

Desde el principio de la Guerra Fría (1947 – 1991),se inició en América Latina la construcción de un sistema interamericano, que a instancias del *Tratado Interamericano de Asistencia Recíproca* (TIAR), la *Organización de Estados Americanos* (OEA) y bajo el patrocinio de Estados Unidos como potencia hegemónica occidental, fue incorporando en la política hemisférica una noción de Seguridad de especiales características para la región. Desde la conformación de la *Junta Interamericana de Defensa* (JID) en 1942, hasta la Declaración de Bridgetown en 2002[16], la noción de "Seguridad Hemisférica", emanada de aquel sistema ha sufrido una notoria evolución (IBARRA y NIEVES, 2016: 3-4).

Desde la conformación de *la Conferencia Especial de Seguridad de México de 2003*[17], los Estados Miembros de la OEA acordaron ampliar el concepto de seguridad, adoptando un enfoque multidimensional, lo que ha permitido cubrir y categorizar un amplio abanico de nuevas amenazas o amenazas no-convencionales. Particularmente – y teniendo como antecedente principal los trabajos de la *Convención*

---

[16] Ver Declaración de Bridgetown: Enfoque Multidimensional de la Seguridad Hemisférica. AG/DEC. 27 (XXXII-O/02) Aprobada en la cuarta sesión plenaria celebrada el 4 de junio de 2002. Disponible en: http://www.oas.org/xxxiiga/espanol/documentos/docs_esp/agcgdoc15_02.htm

[17] Ver Informe sobre la celebración de la Conferencia, que incluye un resumen de los antecedentes, procedimientos y recomendaciones relacionadas, así como los textos de los documentos finales. Disponible en: https://www.oas.org/csh/ces/documentos/ce00358s06.doc

Interamericana contra el Terrorismo de 2002[18]-, se ha asumido que el terrorismo, los ataques a la seguridad cibernética, el Ciberdelito/ Cibercrimen y las amenazas de la utilización ilegal y maliciosa del ciberespacio en general como elementos centrales en la preocupación de los Estados americanos.

En esa misma línea, la OEA desde la creación del *Comité Interamericano contra el Terrorismo* (CICTE)[19] ha impulsado diferentes instancias con el objeto de cohesionar la participación de los gobiernos de los Estados miembros, en conjunto con el sector privado y la sociedad civil para identificar las necesidades regionales y nacionales de Ciberseguridad y la formulación de estrategias ad hoc con las realidades y desigualdades de cada Estado Miembro, respecto al avance de las TIC y sus escenarios de vulnerabilidad cibernética.

El mundo actual, el de la globalización y la mundialización de los mercados, el comercio y las finanzas, está indudablemente, altamente interconectado digitalmente. Los Estados necesitan resguardar las libertades y asegurar el libre ejercicio de los derechos de los ciudadanos. Bajo esa misma idea, el Estado depende y se apoya inevitablemente en la tecnología, se adecua y actualiza sus procedimientos en pos del Internet. La preocupación de los Estados, entonces se ve en las implicancias de Ciberespacio en los asuntos internacionales. Esto ya era anticipado por algunos teóricos de las Relaciones Internacionales en los años 90s, tales como Keohane, Nye y Castells (MORANDÉ Y AGUIRRE, 2016).

---

[18] Ver Sesión plenaria de la Asamblea General de la Organización de Estados Interamericanos del 3 de junio de 2002, AG/RES. 1840 (XXXII-O/02) Disponible en:
http://www.oas.org/juridico/spanish/tratados/sp_conve_interame_contr_terro.pdf
[19] Ver Web site del Comité Interamericano contra el Terrorismo, disponible en: http://www.oas.org/es/sms/cicte/default.asp

La tendencia, según el Informe de Ciberseguridad 2016, elaborado por la OEA y el BID, asegura que la vigilancia estatal sobre las actividades y plataformas públicas y privadas que utilizan el ciberespacio condiciona su efectividad en la utilización eficiente y confiable de los recursos tecnológicos disponibles[20].

La Seguridad, como tal, tanto interna como externa, es responsabilidad intrínseca del Estado. La Seguridad fue, es y será un objetivo ineludible en la actuación del Estado, a pesar de que su significado y alcance se hayan modificado al compás de las transformaciones de la sociedad internacional y la globalización. Como señalábamos, anteriormente, entre 1942 (JID) y 2002 (Bridgetown), la noción de "Seguridad Hemisférica" emanada de aquel sistema, ha sufrido una importante y evidente evolución histórica. Bajo la triada TIAR–OEA-EE. UU se fue cimentando una noción de Seguridad mucho más amplia y compleja para la región.

En pocas palabras se construyó una arquitectura de Seguridad como reflejo de la polarización fáctica de la Guerra Fría (LEAL,2003: 77). En la actualidad, el concepto de Seguridad, entendido como un elemento fundamental en la agenda internacional, se compone de nuevas y diversas dimensiones conceptuales, que se suman a las consideradas tradicionales, como son la militar y la política. Incluso hoy podemos decir que la Seguridad, es el elemento de análisis preponderante en las Relaciones Internaciones.

En estos términos, es fácil percatarse que las políticas públicas de los Estados -cada vez más impregnadas por la variedad de elementos que hacen y conciben a la Seguridad-, están obligadas a observar los

---

[20] Ver Informe de Ciberseguridad 2016, elaborado por el Observatorio de la Ciberseguridad en América Latina y el Caribe. OEA-BID. Disponible en:
https://publications.iadb.org/bitstream/handle/11319/7449/Ciberseguridad-Estamos-preparados-en-America-Latina-y-el-Caribe.pdf

cambios impuestos por la sociedad de la información, cada vez más llena de riesgos. Luego de los atentados terroristas del 11 de setiembre de 2001 (11-S) en New York, el terrorismo se ha posicionado como una de las prioridades de la seguridad nacional de Estados Unidos, se *"reorientaron sus prioridades en términos de prevención de conflictos y de la construcción de paz"*, y la OEA inició el camino de la multidimensionalidad de la seguridad (SERBIN, 2010).

La idea de la *Sociedad de la Información*, en la que es fundamental la noción de autodeterminación y autonomía en línea, respecto de la libertad informática de los individuos, implica contemplar y vigilar los elementos del ciberespacio, procurando alcanzar la gobernanza de Internet[21].

En 2002 fue aprobada en el seno de la OEA, la Convención Interamericana contra el Terrorismo, cuyo objetivo es "*prevenir, sancionar y eliminar el terrorismo"*. Para tal efecto, los Estados Parte *"se comprometen a adoptar las medidas necesarias y fortalecer la cooperación entre ellos, de acuerdo con lo establecido en esta Convención (CICT, 2002)"*[22]

En la Declaración de Bridgetown de 2002, los Estados miembros de la OEA concilian una Seguridad Hemisférica, e incluyen un enfoque multidimensional en el que reconocen: *"(...) que las amenazas, preocupaciones y otros desafíos a la seguridad del hemisferio son de naturaleza diversa y alcance multidimensional y que el concepto y enfoque tradicionales deben ampliarse para abarcar amenazas nuevas no*

---

[21] Ver Declaración de Bridgetown: Enfoque multidimensional de la Seguridad Hemisférica. Aprobada en la cuarta sesión plenaria celebrada el 4 de junio de 2002. AG/DEC. 27 (XXXII-O/02). Disponible en:
http://www.oas.org/xxxiiga/espanol/documentos/docs_esp/agcgdoc15_02.htm
[22] Ver Convención Interamericana contra el Terrorismo. Aprobada en la primera sesión plenaria celebrada el 3 de junio de 2002. (AG/RES.1840 (XXXII-O/02) Disponible en:
http://www.oas.org/xxxiiga/espanol/documentos/docs_esp/agres1840_02.htm

tradicionales, que incluyen aspectos políticos, económicos, sociales, de salud, ambientales" (AG/DEC. 27 (XXXII-O/02), 2002)

En la *Declaración sobre Seguridad en las Américas de la Conferencia Especial de Seguridad de México* de 2003, se amplío el concepto de "seguridad hemisférica" aplicando el encuadre multidimensional, y colocando su eje en la protección de la persona humana.[23]

De esta forma comenzó a cimentarse una arquitectura flexible de Seguridad, con miras al futuro tecnológico y contextualizado en la globalización contemporánea. Existe consenso académico en que el fin de la Guerra Fría marcó una perspectiva de defensa hemisférica diferente a la de los años cuarenta (SALAZAR; 2002: 34-35). El concepto de *nuevas amenazas o amenazas no convencionales*, se alineo con el de la sociedad de la información (FLORES et al, 2007:19-20) y sus vulnerabilidades para la Seguridad Nacional. En la citada Declaración sobre Seguridad en las Américas, se listan no taxativamente lo que se considera por *"nuevas amenazas, preocupaciones y otros desafíos de naturaleza diversa"*[24].

Armerding (2006) entiende que en realidad la denominación "nuevas amenazas" debiera corresponder a "amenazas no tradicionales" y pone como ejemplo el terrorismo, el narcotráfico y el crimen organizado. Afirma que a pesar de haber cierta aquiescencia sobre la denominación, no son fenómenos "estrictamente" nuevos en la región. Lo que puede realmente considerarse nuevo es el contexto mundial globalizado, algunos actores internacionales, la tecnología para transmitir sus efectos y la "multiplicación de sus consecuencias".

---

[23] Ver Web site de la Conferencia Especial sobre Seguridad. Disponible en:
http://www.oas.org/csh/CES/default.asp
[24] Declaración de la conferencia especial sobre Seguridad sobre la situación en Colombia. Aprobado en la tercera sesión plenaria, celebrada el 28 de octubre de 2003. OEA/Ser.K/XXXVIII. Disponible en: https://www.oas.org/csh/ces/documentos/ce00358s06.doc

Asegura que *"lo novedoso de dichos fenómenos entonces, no es su existencia, sino el hecho de que se han transnacionalizado, y han asumido una magnitud y un alcance que trascienden las previsiones y pautas con que tradicionalmente se enfocan las cuestiones de seguridad interior, defensa nacional y seguridad internacional."* (ARMERDING, 2006)

Reconociendo la transnacionalidad de los riesgos que afectaban la región, el Consejo Mercado Común (CMC) aprobó en 1999 el *Plan General de Cooperación y Coordinación Recíproca para la Seguridad Regional*[25] en el MERCOSUR, la República de Bolivia y la República de Chile, en el que involucró a las Fuerzas de Seguridad y Policiales, a fin de propender a la generación de mecanismos de prevención y control en materia de seguridad. Identificando especialmente dentro del ámbito delictivo - entre otros - al terrorismo y al Cibercrimen.

Incluir al terrorismo transnacional y el Cibercrimen en la agenda de Seguridad en MERCOSUR, fue una decisión que se tomó a raíz de los ataques contra la embajada israelí en Buenos Aires en 1992, y la Asociación Mutual Israelita Argentina (AMIA), en 1994. Aunque la mayor trascendencia del GTE fue resultado de la Declaración conjunta de los Ministerios de Interior y Justicia del Mercosur, el 28 de setiembre de 2001, en la que rechazaban los ataques terroristas del 11-S y anunciaban la extensión del trabajo conjunto en contra de las nuevas formas de amenazas al sistema internacional. A través de la modificación del Plan General para la Seguridad Regional, el GTE fue complementado por el Grupo de Trabajo Permanente, al que a partir de ese momento se encontrará subordinado (FLEMES,2004: 23-25).

---

[25] Ver más ampliamente en http://www.saij.gob.ar/22-internacional-plan-general-cooperacion-coordinacion-reciproca-para-seguridad-regional-rmd1999000022-1999-12-07/123456789-0abc-de2-2000-09991dserced

Además de casi una veintena de variados temas en los que puso su énfasis la Tercera Cumbre de las Américas en la ciudad de Québec[26] en abril de 2001, su Plan de Acción incluyó la seguridad hemisférica y la lucha contra el terrorismo. A raíz de los atentados del 11S, el 21 de setiembre de 2001 en la XXIII Reunión de Consulta de Ministros de Relaciones Exteriores, se adoptó la Resolución para el Fortalecimiento de la Cooperación Hemisférica para Prevenir, Combatir y Eliminar el Terrorismo[27], condenando los ataques terroristas perpetrados, y recordando la Declaración de Principios de las Cumbres de las Américas de Miami, la de Santiago y la de Quebec. En 2002 se aprobó en el seno de la OEA - a impulso de Estados Unidos -, la Convención Interamericana Antiterrorista[28], en la que los Estados se comprometen a colaborar en la lucha contra el terrorismo. Dentro del ámbito de acción militar en defensa -considerada un área básica y tradicional en el ejercicio soberano de un Estado- la lucha contra el terrorismo que se inició el 11-S, ya difícilmente distingue entre la seguridad interna y externa de un Estado. De hecho, la guerra contra el terrorismo se ha ampliado de tal manera que implica lo que Wæver denomina "redes directas de apoyo", incorporando a la agenda de seguridad variados temas incentivando la coordinación internacional (WÆVER, 2009: 96).

El yihadismo global reinventándose a través del ciberterrorismo, suma a la agenda internacional de seguridad actual, un nuevo reto a la sociedad de la información. El autodenominado "Ciber Ejército del Califato", rama de guerra cibernética del Estado Islámico, declaró estar preparado para provocar un "Armagedón cibernético"[29] con el fin de hacer colapsar infraestructuras informáticas críticas occidentales que

---

[26] Ver más ampliamente en http://www.summit-americas.org/iii_summit_sp.html
[27] Ver más ampliamente en http://www.oas.org/es/sms/cicte/acerca_nosotros_historia.asp
[28] Ver más ampliamente en:
http://www.cicte.oas.org/Database_/Uruguay_Presentacion%20experto%20legal%20CICTE.doc
[29] El Estado Islámico lleva la guerra al ciberespacio y anuncia que hackeará Google, 2016,
Recuperado de http://www.mil21.es/noticia/467/claves/el-estado-islamico-lleva-la-guerra-alciberespacio-y-anuncia-que-hackeara-google.html

sin duda afectarían nuestra región. En respuesta a este escenario, en 2015 EE.UU. presentó su nueva política de Ciberdefensa, una estrategia de disuasión que permite determinar el origen de toda agresión que provenga desde Internet de cara a proteger información sensible. Esta estrategia, ejecutada por el Comando Cibernético creado en el 2009 con objetivos ofensivos- defensivos, también contempla la posibilidad de ejecutar acciones defensivas, siempre y cuando, se haga para "proteger los intereses de Estados Unidos"[30]

Resulta interesante recurrir al análisis de Kaldor (2001), en el considera la noción de "guerras virtuales y del ciberespacio" en función de lo que califica como revolución en las relaciones sociales de la guerra, como consecuencia del desarrollo tecnológico. Después de los atentados de París de 2015, varios Estados se abocaron a diseñar productos que les permitiera monitorear las comunicaciones de los extremistas (Kaldor, 2001).

Según Peter Sommer, estos grupos suelen identificar, y atraer a su causa, a jóvenes desarrolladores de sistemas fáciles de manipular. Cita como ejemplo SureSpot, un sistema que permite cifrar mensajes con facilidad dejando de lado el uso de sistemas que ofrecen las grandes corporaciones tecnológicas (SOMMER, 2004: 8-12). Aun así las corporaciones juegan un rol importante en este combate facilitando a los Estados "metadatos". En esta línea el Reino Unido debate a nivel parlamentario el proyecto de instrucción Powers Bill, que permitirá solicitar a los proveedores de servicios de internet guarden metadatos durante un año. Esto no prohibiría el cifrado, pero obligaría a las empresas a renunciar a las claves de descifrado para que los mensajes codificados puedan ser leídos[31].

---

[30] Ver más ampliamente en *Es Global.* Disponible en: http://www.esglobal.org/es-posible-un-pearl-harbor-cibernetico/

[31] Global Terrorism Index, 2015. Disponible en: http://economicsandpeace.org/wpcontent/uploads/2015/11/Global-Terrorism-Index-2015.pdf

Ante esta propuesta empresas como Facebook, Google, Microsoft, Twitter y Yahoo han expresado su preocupación ante el Parlamento sobre dicho proyecto, ya que consideran que significaría vulnerar la seguridad de sus productos, y trae a debate la vulnerabilidad del derecho de privacidad en internet.

CIBERSEGURIDAD EN AMÉRICA LATINA

I

ORIENTACIÓN ACTUAL DE LA POLÍTICA HEMISFÉRICA DE SEGURIDAD

La Ciberseguridad es definida en líneas generales como la seguridad de la información digital almacenada en redes electrónicas, aunque aún hoy no hay un consenso en su definición. La noción de Ciberseguridad debe distinguirse del concepto de seguridad de la información, ya que, si bien generalmente refieren a lo mismo, este último apunta a la actividad de las organizaciones y profesionales de las tecnologías de la información, mientras que la Ciberseguridad tiene un alcance más político o vinculado a la seguridad nacional (COMNIMOS; 2013).

Particularmente en esta dimensión de la seguridad, la colaboración entre el sector público y privado es fundamental, es decir junto al Estado deberán trabajar las corporaciones vinculadas de alguna manera a las tecnologías de la información, las ONG's y la sociedad civil. Bajo esta línea, en junio de 2004 fue aprobada la Adopción de una Estrategia Interamericana Integral de Seguridad Cibernética: Un Enfoque Multidimensional y Multidisciplinario para la Creación de una Cultura de Seguridad Cibernética de la OEA (AG/RES. (XXXIV-O/04), 2004). En ese marco, el Secretario de Seguridad Multidimensional de la OEA, Adam Blacwell, ha afirmado que "*las autoridades deben promover la creación de una cultura de la seguridad cibernética*", y para ello es

51

necesaria la colaboración de todas las partes interesadas a nivel nacional (ITSC, 2014)[32].

En este sentido, es paradigmática la Cumbre Mundial sobre la Sociedad de la Información (CMSI)[33] en la que se reunieron por primera vez en igualdad de condiciones en una cumbre de la ONU, actores públicos -Estados- y privados -empresas e individuos[34]. Entre las discrepancias que aparecieron en la fase de Ginebra en 2003 (RAMONET, 2003) está aquella que versa sobre las libertades públicas, en lo que refiere al respeto de la privacidad de los usuarios de Internet.

Como consecuencia del desarrollo en Ciberseguridad aparece un efecto poco deseado por los usuarios de Internet, y es la vigilancia sobre los ciudadanos que arremete contra el derecho a la privacidad. Al respecto Nyst (2013) señala *"mucho hacen los Estados en pos de la protección de la libertad de expresión en términos de bien común, promoviendo el acceso a Internet y las nuevas tecnologías, aunque se soslayan las consecuencias sobre el derecho a la privacidad"*.

Al tradicional fin de vigilancia del Estado avivado por distintas amenazas reales o no, acompañado por la tecnología con capacidad de vigilar un mundo "hiperconectado" (OSABA,2015: 8), se suma el poder que las grandes corporaciones vinculadas a la tecnología ostentan con el dominio de la información en Internet. Esta situación conforma un escenario particular en el que un atributo esencial de la soberanía del Estado como es el de vigilancia, se ata a la decisión de actores transnacionales que han incrementado su poder a pasos agigantados, desde que se privatizó el uso de Internet.

---

[32] Ver Tendencias de seguridad cibernética en América Latina y el Caribe, Informe 2014.Disponible en: http://www.oas.org/juridico/spanish/ag04/agres_2040.htm
[33] Realizada en dos fases: la primera en Ginebra en diciembre de 2003, y la segunda en Túnez en noviembre de 2005.
[34] Ampliar la información en: http://www.itu.int/net/wsis/index-es.html

En el marco de la OEA, en 2004 la Asamblea General de la OEA aprobó la Estrategia Interamericana Integral para Combatir las Amenazas a la Seguridad Cibernética (OEA, 2016) mandatando a la Secretaría del CICTE a entender sobre asuntos de Seguridad Cibernética. El programa de seguridad cibernética de la OEA contempla las particularidades de las amenazas cibernéticas para cada Estado, así como las capacidades nacionales para enfrentarlas, promoviendo la participación directa de los gobiernos, el sector privado y la sociedad civil en la formulación de las políticas de seguridad cibernética.

Con la aprobación de la *Estrategia Integral de Seguridad Cibernética Interamericana*, (OEA, 2017) la OEA se transformó en el primer organismo regional en adoptar una estrategia en esa materia. En pos de la construcción de nuevas y mejores capacidades de seguridad cibernética entre los Estados partes, la Secretaría del CICTE utiliza un enfoque integral, para el que existe una responsabilidad nacional y regional en la materia, con la participación de variados actores públicos y privados, que desde lo político y lo técnico trabajarán para asegurar el ciberespacio (OEA, 2017).

En este contexto, surgen en a nivel nacional los *Equipos de Respuesta a Incidentes* (CSIRT) de "alerta, vigilancia y prevención" en materia de Ciberseguridad. Se apunta a la creación de una red de alerta hemisférica que brinda formación al personal competente en la materia, de los distintos gobiernos de los Estados Miembros, buscando "*promover el desarrollo de Estrategias Nacionales sobre Seguridad Cibernética; y fomentar el desarrollo de una cultura que permita el fortalecimiento de la Seguridad Cibernética en el Hemisferio.*" (OEA, 2017) [35].

---

[35] Ampliar en: http://www.oas.org/es/sms/cicte/programas_cibernetica.asp

Es fundamental la consideración de las particularidades de cada país, en el entendido de que las necesidades son diferentes, por ese motivo, la Secretaría del CICTE ha implementado un sistema de evaluaciones frente a la solicitud de asistencia técnica de un Estado Miembro que permiten identificar los requerimientos nacionales a fin de instrumentar herramientas específicas que faciliten el fortalecimiento en la materia.

De acuerdo al Informe de 2014 de la OEA y Symantec sobre Tendencias de Seguridad Cibernética en América Latina y el Caribe[36], y en el entendido de que tanto usuarios, operadores y reguladores de Internet requieren de acceso a una información oportuna, precisa y segura a fin de hacer frente a las amenazas y vulnerabilidades cibernéticas, se ha intentado presentar un ecosistema informático para América Latina y el Caribe. Es importante recalcar que en este sentido la OEA se ha enfocado en favorecer la cooperación entre el sector público, privado, académico y los usuarios finales, recalcando que los Estados deben promover una cultura de seguridad cibernética y actuar en pos de la protección de los usuarios individuales que en definitiva son los actores más vulnerables.

A pesar de los esfuerzos, el Informe de Ciberseguridad 2016 demuestra que la región presenta vulnerabilidades "potencialmente devastadoras"[37].En palabras del presidente del BID Luis Alberto Moreno: *"Si los lectores han de llevarse un sólo mensaje de este Informe 2016 del Observatorio de la Ciberseguridad en América Latina y el Caribe, es que una enorme mayoría de nuestros países aún están poco*

---

[36] Ver ampliamente en   https://www.symantec.com/content/es/mx/enterprise/other_resources/b-cyber-security-trends-report-lamc.pdf

[37] Ampliar en: http://www.iadb.org/es/noticias/comunicados-de-prensa/2016-03-14/informe-sobre-Ciberseguridad-enamerica-latina,11420.html

preparados para contrarrestar la amenaza del ciberdelito". (OEA-BID, 2016:9)

II
LA AGENDA INTERNACIONAL DE CIBERSEGURIDAD: ACTORES Y PROYECCIONES

En la agenda internacional para el desarrollo de la Ciberseguridad, se deben distinguir cuatro grupos de discusión que lideran la temática a nivel mundial. Se trata del Grupo de Expertos Gubernamentales de las Naciones Unidas (GEG), la Organización para la Seguridad y la Cooperación en Europa (OSCE), el Foro Regional de la Asociación de Naciones del Sureste Asiático (ASEAN), y la Organización de Estados Americanos (OEA).

También se destaca el rol de liderazgo del *Proceso de Londres,* puesto en marcha en 2011 por el entonces secretario de Relaciones Exteriores del Reino Unido, William Hague (SYMANTEC, 2014). Esta serie de reuniones internacionales tienen como objetivo generar un consenso sobre un comportamiento responsable en el ciberespacio. Hasta el momento se han realizado cuatro reuniones, la penúltima, realizada en La Haya, emitió un Informe muy completo que recomienda una serie de posibles normas y estableció el *Foro Mundial sobre Expericia Cibernética (FMEC)*[38]. Importante es considerar que la OEA es miembro fundador de este Foro.

El FMEC facilita el intercambio de experiencias, conocimientos y buenas prácticas entre los responsables políticos y expertos

---

[38] Ver en detalle en:
https://www.sites.oas.org/cyber/Documents/2015%20Iniciativa%20de%20Seguridad%20Cibern%C3%A9tica%20de%20la%20OEA.PDF

cibernéticos de diferentes países y regiones. La última reunión se realizó en Bruselas en mayo 2017[39].

Los Grupos de Expertos Gubernamentales de las Naciones Unidas (GEG) han sido muy importantes para la construcción de una agenda global en Ciberseguridad. Estos GEG se han reunido cuatro veces durante la última década. El tercer grupo de expertos gubernamentales en 2013, fue un éxito inesperado y definió un cambio histórico que alteró el panorama político de la Internet. Implicó el reconocimiento de que la soberanía nacional, la Carta de la ONU y el derecho internacional se aplican al ciberespacio.

La Asamblea General de la ONU aprobó esta aplicabilidad de la soberanía, el derecho y la Carta de la ONU, y esto cambió la política de la Internet y su gobernanza y de manera muy provechosa insertó el debate internacional sobre la seguridad cibernética en el marco actual de las obligaciones y el entendimiento entre los Estados.

El cuarto GEG, que concluyó en junio de 2015, contó con la participación de Colombia, México y Estados Unidos. Se pudo llegar a un consenso, pero el Informe aún no ha sido aprobado por la Asamblea General. Este Grupo de Expertos Gubernamentales aprobó un conjunto adicional de normas y medidas para desarrollar capacidad y definió una serie de medidas de generación de confianza voluntarias para aumentar la transparencia y fortalecer la cooperación. Sorprendentemente, no fueron las normas las que resultaron ser el tema más polémico, sino más bien la aplicación del derecho internacional para el ciberespacio.

---

[39] Ver el documento completo en el siguiente enlace:
https://www.google.cl/url?sa=t&rct=j&q=&esrc=s&source=web&cd=2&cad=rja&uact=8&ved=0ahUKEwjZz0jEtb_W
AhXDTJAKHc9jCVYQFggrMAE&url=http%3A%2F%2Fwww.pcm.gob.pe%2Fwp-
content%2Fuploads%2F2017%2F05%2FRM_N_135-2017-PCM.pdf&usg=AFQjCNGTdyg9TdmNaYfHU2ndodNG6Iasdw

En su labor, el Grupo de Expertos Gubernamentales de 2015 se guió por los precedentes creados por un acuerdo de la Organización para la Seguridad y la Cooperación en Europa (OSCE) en 2014, que verso sobre algunas medidas de fomento de confianza. Después de difíciles negociaciones, la OSCE adoptó un conjunto fundamental e inicial de medidas voluntarias para aumentar la transparencia y la cooperación. Entre las medidas voluntarias acordadas en la OSCE se incluyen la provisión de opiniones nacionales sobre la doctrina, estrategia y amenazas cibernéticas.

Los miembros de la OSCE también compartieron información sobre organizaciones, programas o estrategias nacionales pertinentes a la seguridad cibernética, identificando un punto de contacto para facilitar la comunicación y el diálogo sobre cuestiones de seguridad relacionadas con TIC y estableciendo vínculos entre los *Equipos de Respuesta ante Emergencias Informáticas* nacionales. El trabajo de los Grupos de Expertos Gubernamentales y la OSCE tiene implicaciones útiles para otras regiones del mundo, incluida América Latina y el Caribe, y para seguir avanzando en la construcción de la seguridad cibernética a nivel regional y nacional.

La OEA ostenta un rol líder a nivel mundial en el desarrollo de la cooperación internacional en materia de Ciberseguridad. Su trabajo sobre el desarrollo de capacidades es un modelo a seguir para otras regiones. La OEA ha implementado un número importante de medidas para mejorar la Ciberseguridad en todo el hemisferio. El *Comité sobre Seguridad Hemisférica* de la OEA publicó una *Lista Consolidada de Medidas de Generación de Confianza y Seguridad* [40] que incluye intercambios voluntarios de información sobre la organización, la estructura, el tamaño de las entidades cibernéticas del gobierno, el

---

[40] Ver la lista en detalle en: https://publications.iadb.org/handle/11319/7449?locale-attribute=es&

intercambio de documentos de política y doctrina, el establecimiento de puntos de contacto nacionales en materia de protección de infraestructuras críticas e intercambio de investigación entre Estados Miembros. Esta institución también ha organizado una extensa serie de talleres y eventos de capacitación sobre estrategias nacionales, medidas de fomento de confianza y el desarrollo de experticia cibernética. Su gestión para vincular la Ciberseguridad a las iniciativas de gobernanza eficaces les ayuda a los Estados Miembros en el trabajo de implementar el gobierno electrónico de forma segura. Este objetivo se ha logrado medianamente con la colaboración del Banco Interamericano de Desarrollo.

Una de las áreas a considerar es y también de frecuente cuestionamiento, es cómo extender aún más la labor de la OEA y el BID sobre las medidas de generación de confianza de manera que cubra asuntos de Ciberseguridad. Estos esfuerzos se orientan en facilitar el desarrollo de estrategias nacionales y para potenciar la capacidad hemisférica como referente global en Ciberseguridad.

Sin embargo, en América Latina y el Caribe, como en todas las regiones, los esfuerzos para lograr la estabilidad y la seguridad del ciberespacio están en una etapa temprana. Los principales desafíos que enfrenta la región en Ciberseguridad son el desarrollo de capacidades en todos los países, la mejora de la cooperación en la detección, persecución y punición de los delitos cibernéticos y el intercambio de información sobre mejores prácticas, amenazas y vulnerabilidades. Hacer frente a estos desafíos requiere de esfuerzos diplomáticos e incentivos a la cooperación internacional.

La cooperación internacional en materia de Ciberseguridad es esencial. Esto hace que las gestiones regionales sean aún más eficaces, especialmente teniendo en cuenta los vínculos entre la Ciberseguridad,

58

el desarrollo y el crecimiento económico. Las economías nacionales que están conectadas a la Internet global y que aprovechan el servicio de Internet crecen más rápidamente y se van enriqueciendo, al mismo tiempo que generan espacios vulnerables para los ataques delictuales en el ciberespacio.

Una mejor Ciberseguridad les permite a los países aprovechar al máximo estas oportunidades. Por esta razón, es útil considerar qué medidas adicionales se podrían realizar en el marco de la OEA sobre una base regional, no solo entre los gobiernos sino también entre las comunidades académicas y empresariales.

Según James A. Lewis (2016), director del Centro de Estudios Estratégicos e Internacionales (CSIS), en América Latina y el Caribe, las proyecciones y acciones en materia de Ciberseguridad deberían centrarse en cuatro pasos.

a- En primer lugar, la región debería continuar su labor en la creación de una base jurídica armonizada para abordar los delitos cibernéticos. Según su análisis, el mejor medio para dicha cooperación es la *Convención de Budapest* sobre el delito cibernético, pero hay obstáculos políticos para poder llegar a un acuerdo. Algunos países se oponen a la Convención alegando motivos justificables de que no participaron en la negociación. Estas naciones no se han manifestado acerca de qué cambiarían en la Convención; sin embargo, y vale la pena señalarlo, los países con leyes de delitos cibernéticos débiles sufren mayores pérdidas económicas (LEWIS, 2016: 6). Esto lo analizaremos posteriormente, al estudiar el caso de Chile y su relación con el delito cibernético en la judicatura nacional.

b- En segundo lugar, sería útil seguir avanzando para llegar a un entendimiento común sobre las infraestructuras críticas y sus vulnerabilidades, incluyendo una definición compartida de infraestructuras cruciales[41].

c- En tercer lugar, sería beneficioso contar con un enfoque regional más formal para la generación de confianza, a partir de la *Lista Consolidada de Medidas de Fomento de Confianza y Seguridad* y basándose en el trabajo de la OSCE.

Esto implicaría el intercambio de documentos nacionales de políticas y leyes, reuniones periódicas entre funcionarios relevantes, incluidos los funcionarios a nivel político, para discutir temas de la estabilidad, comercio y seguridad y el fortalecimiento de redes de cooperación de funcionarios responsables a disposición para consulta inmediata o asistencia en caso de una emergencia.

d- En cuarto lugar, la región se beneficiaría de una formulación continua de estrategias nacionales en Ciberseguridad. Ya ha habido avances en este sentido, pero este progreso no es universal (LEWIS, 2016: 7-8).

El contar con una estrategia aporta cierto grado de organización y coherencia a los esfuerzos nacionales y ofrece transparencia y seguridad tanto para ciudadanos como para países vecinos. El desarrollo de una estrategia es, por supuesto, una prerrogativa

---

[41] Infraestructuras críticas se definen como: *"Aquellas instalaciones, redes, servicios y equipos físicos y de tecnología de la información cuya interrupción o destrucción tendría un impacto mayor en la salud, la seguridad o el bienestar económico de los ciudadanos o en el eficaz funcionamiento de las instituciones del Estado y de las Administraciones Públicas"*. Esta definición fue establecida por la Directiva europea: 2008/114/CE del 8 de diciembre de 2008, subrayando sobre la importancia de *"la identificación y designación de infraestructuras críticas europeas y la evaluación de la necesidad de mejorar su protección"*. Disponible en: https://manuelsanchez.com/2011/07/06/infraestructuras-criticas-y-Ciberseguridad/

nacional, pero hay muchas ventajas en un enfoque de colaboración internacional para el debate y desarrollo de este tipo de estrategias.

A su vez, los elementos generales de una estrategia nacional en Ciberseguridad, según Lewis (2016), se pueden resumir brevemente en las siguientes premisas:

a- Los países necesitan un órgano de coordinación en las oficinas de la Presidencia o del Primer Ministro para supervisar la aplicación, coordinar las gestiones de las entidades y, a veces, resolver disputas.

b- La estrategia seguridad nacional debe asignar responsabilidades para la Ciberseguridad entre los ministerios pertinentes y estos ministerios deben desarrollar fuertes lazos con el sector privado para crear un enfoque de colaboración, en particular con la energía eléctrica, las telecomunicaciones y las finanzas.

c- Los gobiernos nacionales necesitan organizaciones de seguridad cibernética adecuadamente atendida que incluyan como mínimo un CERT nacional y una policía cibernéticamente capaz.

d- Por último, debe haber un esfuerzo para generar la confianza y relaciones de cooperación con los países vecinos y que contribuya al esfuerzo global para hacer que el ciberespacio sea más seguro.

En conclusión, la creación de una capacidad estratégica en Ciberseguridad sigue siendo esencial y todas las naciones se benefician del intercambio de mejores prácticas y de información sobre amenazas y vulnerabilidades. Tener una estrategia nacional Ciberseguridad es esencial para la generación de confianza y seguridad entre las naciones de la región latinoamericana. Hasta el momento pareciere existir un buen avance hemisférico, en términos de comprender la *Seguridad* multidimensionalmente, sin embargo los gobiernos aun ignoran, o subestiman la Ciberseguridad como urgencia nacional, lo cual es muy riesgoso. A medida que todas las sociedades se vuelvan más dependientes del ciberespacio, la necesidad de adelantar acciones y desarrollar estrategias nacionales coordinadas regionalmente, crecerá.

III

ESTRATEGIAS Y TENDENCIAS DE SEGURIDAD CIBERNÉTICA EN AMÉRICA LATINA

Según la Fundación Getúlio Vargas, los objetivos perseguidos por las estrategias de seguridad cibernética son por lo general dos: i) proteger a la sociedad frente a las amenazas cibernéticas; y ii) fomentar la prosperidad económica y social en un contexto en el que las principales actividades se basan en el uso de Tecnologías de la Información y de la Comunicación (TIC) (FODITSCH, 2016: 8).

Con el fin de alcanzar plenamente estos objetivos, las estrategias nacionales de Ciberseguridad latinoamericanas, deben – además de ser construidas a través de la cooperación internacional- ser armonizadas con los valores y derechos fundamentales desarrollados a nivel socio-cultural en cada país, tales como la privacidad, la libertad de expresión y el debido proceso, así como con los principios técnicos clave que han permitido la innovación en Internet, como la apertura, la universalidad y la interoperabilidad (DAIGLE, 2015). El respeto de los derechos humanos y de dichos principios rectores es clave para fortalecer la confianza y fomentar el desarrollo de los países.

En los países desarrollados, las estrategias de Ciberseguridad se caracterizan por poseer un enfoque integral, que considera aspectos económicos, sociales, educativos, jurídicos, técnicos, diplomáticos, militares y relacionados con la inteligencia (OCDE, 2012: 14). Las consideraciones de soberanía en la formulación de políticas de Ciberseguridad son cada vez más relevantes y se puede notar una mayor participación de los militares, las policías, los privados y las ramas de inteligencia de los gobiernos (OCDE, 2012: 14).

Como se ha señalado anteriormente, la conciencia de la importancia de desarrollar estrategias regionales en Ciberseguridad está aumentando entre los países de América Latina. Algunos de ellos, ya tienen estrategias de Ciberseguridad implementadas en sus agendas, como Colombia, Chile (AGENDA DIGITAL 2020, 2017), Jamaica, Panamá y Trinidad y Tobago. Otros países están en proceso de discusión legislativa para su desarrollo, como Costa Rica, Dominica, Perú, Paraguay y Surinam. El nivel de madurez de estas estrategias varía, incluso en términos de proporcionar un marco para la cooperación entre los organismos gubernamentales y con actores externos.

En América Latina, el ejército y las entidades de Seguridad nacional no han sido ampliamente establecidos como los coordinadores del desarrollo de la política de Ciberseguridad de sus países, porque muchos de ellos, aún no ven la Ciberseguridad – como adelantamos antes- como un elemento de urgencia en la agenda nacional. Esto proporciona una ventana de oportunidades para el desarrollo actividades y enfoques de Ciberseguridad, desarrolladas en plataformas derivadas de múltiples actores del ciberespacio transnacional. Desde las diferentes ramas de la administración pública, el sector privado, la sociedad civil, etc. generando una descoordinación peligrosa y perjudicial en la efectividad de la estrategia de Ciberseguridad del país.

La cooperación entre múltiples interesados es notable en muchos países de América Latina. Por ejemplo, la creación de Equipos de Respuesta a Incidentes de Seguridad Informática (CSIRT)[42], que se han generalizado en toda la región, a nivel gubernamental como en el sector privado, financiero y empresarial. La colaboración entre los CSIRT nacionales ha permitido el intercambio de conocimientos y buenas prácticas, lo que ha llevado a la creación de sistemas de comunicación más seguros y robustos. La mejora de las capacidades nacionales reviste de gran importancia para aumentar la confianza en los servicios digitales públicos y privados, que allanan el camino para una economía digital emergente y la gobernanza del internet[43].

Otras de las principales preocupaciones planteadas en los países de América Latina ha sido la definición y penalización de los delitos cibernéticos[44], ya sea por la creación de nuevas leyes o actualización de las ya existentes. Brasil ofrece un caso interesante. Un proyecto de ley draconiana que contiene disposiciones de delincuencia cibernética se propuso ante el Congreso[45] y tuvo una fuerte oposición por parte de los académicos y la sociedad civil. El gobierno estaba convencido de que, en lugar de una ley penal, Brasil necesitaba definir los derechos y responsabilidades de los usuarios de Internet. Esto culminó en la aprobación del Marco Civil de Internet, que trata temas como la protección de los derechos fundamentales en línea, la neutralidad de la red, la responsabilidad de los intermediarios, las responsabilidades del sector público y la retención de datos.

---

[42] Un Equipo de Respuesta frente a Incidencias de Seguridad Informática (CSIRT) es un grupo de profesionales que recibe los informes sobre incidentes de Ciberseguridad, analiza las situaciones y responde a las amenazas.

[43] Uno de los puntos del programa de gobierno de Michelle Bachelet (2013), es la gobernanza del internet.

[44] OAS; Symantec. "Tendencias de Seguridad Cibernética en América Latina y El Caribe, 2014". http://www.symantec.com/content/es/mx/enterprise/other_resources/b-cyber-securitytrends-report-lamc.pdf

[45] Proyecto de Ley 84/99 que fue aprobado el 7 de noviembre de 2012, fue impulsado por el diputado Eduardo Azeredo, lo que género que la ley obtuviera la denominación de Ley Azeredo.

Otra tendencia regulatoria en la región de América Latina es una creciente preocupación por la protección de la privacidad en línea y los datos personales. Después de las revelaciones de Snowden[46], en 2013, la conciencia de la intersección entre la Ciberseguridad y los datos personales ha quedado más clara, ya que se trataba de comunicaciones electrónicas diarias. A medida que Internet se ha vuelto esencial para el desarrollo socioeconómico de América Latina, la consecuencia de no protegerla puede afectar la confianza de las actividades en línea, que tiene consecuencias potencialmente negativas para la economía de Internet y en la sociedad en su conjunto.

Nelson Remolina, en un estudio realizado en 2014, sostiene que el 70% de los países de América Latina tienen algún tipo de protección de datos en sus constituciones (REMOLINA, 2014). Por otra parte, distintos países, por ejemplo, Antigua y Barbuda, Argentina, Colombia, Costa Rica, México, Perú y Uruguay, ya han promulgado leyes de protección de datos y otros, como Brasil[47], están en proceso de redacción de estas. Chile – y lo analizaremos en el último capítulo – también está en proceso de legislar frente a esta materia. Su única ley data de 1993, momento histórico que difiere de lo que hoy se concibe como ciberespacio y dimensiones de seguridad.

Aunque las legislaciones nacionales regulan aún más los casos especiales, esto se debe hacer de una manera que no menoscabe estos principios básicos. El procesamiento de la información también debe ser adecuado, pertinente y no excesivo en relación con el propósito

---

[46] Los datos acerca de la vigilancia mundial son una serie de revelaciones sacadas a la luz por la prensa internacional entre 2013 y 2015, que demuestran la vigilancia que principalmente las agencias de inteligencia de Estados Unidos, en colaboración con otros países aliados, han estado ejerciendo de manera masiva sobre la población mundial. Los documentos que reveló Snowden se publicaron simultáneamente en The Washington Post y en The Guardian. Ver ampliamente en:
http://www.bbc.com/mundo/noticias/2013/06/130610_edward_snowden_espionajes_eeuu_mr
[47] Véase http://participacao.mj.gov.br/dadospessoais/

para el que fue almacenada[48]. Si no se establecen límites para la retención de datos, se seguirán reduciendo las reglas de privacidad y esto puede poner en grave peligro los derechos fundamentales de los usuarios de Internet. Por otra parte, esto podría representar una carga regulatoria costosa para las empresas, especialmente las pequeñas y medianas.

Deben utilizarse los principios como la necesidad y proporcionalidad para evaluar lo adecuado de estas disposiciones. La creación de plataformas nacionales multisectoriales sostenibles Es importante tener en cuenta los diferentes aspectos y consecuencias, así como la viabilidad técnica de la promulgación de nuevas regulaciones. Grupos de la sociedad civil, la academia y la comunidad técnica, así como representantes de la industria pueden proporcionar valiosa experiencia desde sus perspectivas, y ayudar a diseñar un marco reglamentario racional de una manera sostenible.

Estas redes de múltiples partes interesadas podrían ayudar a desarrollar un enfoque con visión de futuro para la Ciberseguridad en la región, que tiene en cuenta los avances tecnológicos, como datificación, grandes datos y la Internet de las cosas, y que tiene en cuenta el impacto de estas tecnologías en la seguridad y privacidad.

En consecuencia, se puede apreciar que la Ciberseguridad se ha ido integrando cada vez más en el plano internacional y regional[49]. En

---

[48] Consejo de Europa. Convenio para la protección de las personas en relación con tratamiento automático de datos personales. ETS 108, en el artículo 5.

[49] La seguridad cibernética es una de las prioridades identificadas en el proceso decenal de examen de los resultados de la Cumbre Mundial sobre la Sociedad de la Información (CMSI). La Visión CMSI + 10 hizo énfasis en la complementariedad entre la seguridad y la privacidad y definió que "la construcción de la confianza y seguridad en la utilización de las TIC, especialmente en temas como la protección de datos personales, la privacidad, la seguridad y la solidez de las redes", debe ser una de las prioridades más allá de 2015. En diciembre de 2013, la Asamblea General de las Naciones Unidas aprobó la resolución 68/167, que expresa su profunda preocupación por el impacto negativo que la vigilancia e interceptación de las comunicaciones pueden tener en los derechos humanos. La Resolución 69/166, aprobada en 2014, se basa en la anterior, pidiendo el acceso a un recurso efectivo para las personas cuyo derecho a la privacidad ha sido violado. El 26 de marzo de 2015, el Consejo de Derechos

este sentido la naturaleza sin fronteras de Internet aumenta la importancia de la cooperación internacional y la armonización de los marcos legales, así como se posiciona como un elemento fundamental en la agenda nacional de seguridad, desde su perspectiva multidimensional.

IV
IMPACTO DE LA POLÍTICA HEMISFÉRICA DE CIBERSEGURIDAD EN EL MARCO LEGAL SOBRE EL CIBERDELITO EN AMÉRICA LATINA

La efectividad de la justicia penal es parte esencial de una estrategia de Ciberseguridad. Esto comprende la investigación, la fiscalización y la persecución de delitos en contra y por medio de datos y sistemas informáticos, al igual que la obtención de evidencia electrónica relacionada con cualquier delito, para propósitos del proceso penal.

Según Alexander Seger (2016), Secretario Ejecutivo del Comité del Convenio sobre el Delito Cibernético en el Consejo de Europa, *"la naturaleza transnacional del ciberdelito y en particular las volatilidades de la evidencia electrónica implican que la justicia penal de los países no pueda ser efectiva sin una cooperación internacional eficiente"*.

La legislación integral, que incluye la tipificación de las conductas punibles y el derecho procesal, es fundamental para que la justicia

---

Humanos creó el mandato de un Relator Especial sobre el Derecho a la Privacidad. Sin embargo, la cooperación intergubernamental en materia de Ciberseguridad sigue fragmentada a través de diferentes organismos y foros en las Naciones Unidas. En paralelo, una Conferencia Mundial sobre el Espacio Cibernético (GCCS) anual, conocida como el "Proceso de Londres" ha reunido a los gobiernos y otras partes interesadas para discutir temas en una amplia gama de asuntos relacionados con la seguridad cibernética.

penal tenga desarrollo eficiente. Para Seger (2016), tal legislación debe cumplir con varios requisitos, entre los que destacan los siguientes:

> a- Debe ser lo suficientemente neutral (tecnológicamente) como para responder a la evolución constante del crimen y la tecnología, ya que de no ser así corre el peligro de volverse obsoleta para cuando entre en vigor.
>
> b- Los poderes para la aplicación de la ley deben estar sujetos a salvaguardias con el fin de garantizar el cumplimiento de los requerimientos del Estado de derecho y de los Derechos Humanos.
>
> c- Debe operar coordinadamente y ser compatible con las leyes de otros países para permitir la cooperación internacional; por ejemplo, el cumplimiento con la condición de la doble criminalidad (SEGER, 2016).

A partir del Convenio de Budapest sobre el Ciberdelito[50], se han generado directrices internacionales para colaborar técnicamente con los países latinoamericanos y así para cumplir las recomendaciones de modificación y reestructuración de los marcos legales nacionales sobre ciberdelito.

En referencia a las modificaciones recomendadas para el desarrollo de una legislación integral, Seger (2016) señala que se requiere que las partes penalicen:

> a- el acceso ilícito
>
> b- la interceptación ilegal
>
> c- la interferencia de datos
>
> d- la interferencia de sistemas

---

[50] Ver ampliamente en:
http://conventions.coe.int/Treaty/Commun/QueVoulezVous.asp?NT=185&CM=8&DF=&CL=ENG

e-   el uso indebido de aparatos

f-   la falsificación informática

g-   el fraude informático

h-   la pornografía infantil

i-   y delitos relativos a las infracciones en materia de derechos de autor y derechos relacionados.

Cabe señalar y destacar que estas disposiciones se aplican para la generalidad de lo que constituye el Ciberdelito, dado que han sido formuladas de manera neutral desde el punto de vista tecnológico y observando las transformaciones del ciberespacio. Las Notas Guía adoptadas por el Comité del Convenio sobre el Ciberdelito muestran cómo muchas de estas disposiciones pueden ser utilizadas para tratar con las redes de bots, Ataques Distribuidos de Denegación de Servicios (DDos) y otros fenómenos[51]. Por supuesto, un acuerdo internacional siempre representa un mínimo común denominador y los Estados son libres de decidir si van más allá.

No obstante, muchos Estados a menudo enfrentan una fuerte oposición pública al tratar de penalizar tipos de conducta adicionales. El Convenio de Budapest comprende una variedad de poderes específicos de derecho procesal, tales como órdenes para la búsqueda, captura, producción de datos o la interceptación de comunicaciones, así como el poder para ordenar la rápida conservación de datos. Estos poderes específicos de derecho procesal, se refieren, de manera importante, a la evidencia electrónica asociada con cualquier tipo de delito y como estas deben ser delimitadas bajo las condiciones del Estado de Derecho.

---

[51] Ver ampliamente en:
http://www.coe.int/t/dghl/cooperation/economiccrime/Source/Cybercrime/TCY/Guidance_Notes/TCY(2013)29rev_GN%20compilation_v3.pdf

En definitiva, este tratado busca garantizar la efectiva cooperación internacional en materia de Ciberdelito y evidencia electrónica, mediante la combinación de la asistencia legal mutua "tradicional" con medios expeditos para conservar datos en otro país, esto último con el soporte de una red de puntos de contacto que funcione todos los días sin interrupción. Importante es reiterar, que el alcance de la cooperación no se limita solamente al Ciberdelito, como conducta punible, sino que incluye la cooperación referente a la determinación y validación de evidencia electrónica, la que es natural en un sistema informático a propósito de cualquier delito cometido en ciberespacio.

El Convenio de Budapest, pretende servir de lista de verificación para el desarrollo de leyes internas sustantivas y procesales relativas al Ciberdelito y la evidencia electrónica. De esta manera más de 130 Estados en el mundo, usan el Convenio como un marco de acción y de regulación internacional de los delitos que utilizan el Ciberespacio para operaciones. Sin embargo, el Convenio en su totalidad es un documento balanceado, juicioso y coherente, por lo que debe considerarse preferiblemente como un todo y no por partes. Para los Estados que se convierten en Miembros, el tratado sirve como un marco legal para la cooperación internacional.

La verdad es que el Convenio de Budapest está abierto a la adhesión de cualquier Estado que esté preparado para implementar sus preceptos[52]. Y en efecto, varios países de América Latina y el Caribe han decidido seguir este camino, como veremos a continuación.

---

[52] Estados que participaron en la negociación del Convenio (Estados miembros del Consejo de Europa, Canadá, Japón, Sur de África y EE.UU.) pueden firmarlo y ratificarlo. Cualquier otro Estado puede convertirse en país firmante mediante el acceso. El resultado es el mismo.

V

LA SITUACIÓN EN AMÉRICA LATINA Y EL CARIBE SOBRE REGULACIÓN JURÍDICA EN MATERIA DE CIBERSEGURIDAD

Desde 2004, la OEA –en particular la Reunión de Ministros de Justicia o de Fiscales Generales de las Américas (REMJA/OEA) y su Grupo de Trabajo en Delito Cibernético – ha alentado a sus miembros a implementar los principios del Convenio de Budapest sobre Delito Cibernético y a considerar su adhesión al tratado[53]. Después de la REMJA VI realizada en la República Dominicana en 2006, Costa Rica y México solicitaron el ingreso, después de lo cual fueron invitados a acceder al mismo. A partir de entonces, Argentina, Chile, Colombia, Panamá, República Dominicana y recientemente, también Paraguay y Perú han seguido su ejemplo. La República Dominicana y Panamá desde entonces han pasado a formar parte del Convenio de Budapest y se espera que otros países completen con prontitud los procedimientos domésticos de acceso, similares al procedimiento para ratificar cualquier acuerdo internacional.

Este proceso ha sido acompañado de reformas internas en derecho penal y procesal a lo largo de América Latina. Por ejemplo, en 2013 República Dominicana se convirtió en el primer país de América Latina que se adhirió al Convenio de Budapest. La Ley 53-07 de 2007 incorporo las disposiciones del Convenio a su legislación penal interna, no solo en lo que respecta a la ley sustantiva, sino también a la ley procesal. Lo anterior es una situación atípica en América Latina, donde

---

[53] Ver más ampliamente en los siguiente enlaces: http://www.oas.org/juridico/english/remjaV_recom.pdf
http://www.oas.org/juridico/english/moj_vi_recom_en.pdf
http://www.oas.org/en/sla/dlc/remja/pdf/recomm_IX.pdf http://www.oas.org/juridico/english/cyber_experts.htm

se prefiere que los poderes procesales sean aplicados a la evidencia electrónica por analogía[54].

En 2008, Argentina, por medio de la Ley 26.388[55], reformó la ley sustantiva penal siguiendo los parámetros del Convenio de Budapest. En relación con los poderes procesales, este Estado parece enfrentar ciertas dificultades. Aparte del hecho de que Argentina es una federación donde la ley procesal es primordialmente materia de cada provincia, las reglas generales referentes a la evidencia se aplican por analogía a la evidencia electrónica. Este enfoque crea problemas en la práctica. En este país el Congreso está considerando una reforma exhaustiva del Código de Procedimiento Penal. Queda por verse hasta qué punto contendrá las disposiciones específicas necesarias con respecto a la evidencia electrónica.

Colombia, por su parte modificó el Código Penal en el año 2009, mediante la Ley 1273[56] y el Código de Procedimiento Penal en 2011 mediante la Ley 1453[57]. Por lo anterior la ley sustantiva parece estar en amplia armonía con los estándares internacionales, es decir, con el Convenio de Budapest. Disposiciones de derecho procesal más específicas pueden ser necesarias, incluyendo las enfocadas a la rápida conservación de datos.

Por otro lado, Costa Rica había introducido resoluciones específicas referentes al Ciberdelito a través de varias enmiendas al Código Penal desde 1999, y más recientemente por medio de la Ley

---

[54] El Proyecto de Ley 4055 de Guatemala también comprende poderes procesales inspirados en el Convenio de Budapest aunque su adopción sigue pendiente.
[55] Consultar texto legal en: http://servicios.infoleg.gob.ar/infolegInternet/anexos/140000-144999/141790/norma.htm
[56] Consultar texto legal en: http://acueductopopayan.com.co/wp-content/uploads/2012/08/ley-1273-2009.pdf
[57] Consultar texto legal en: http://relapt.usta.edu.co/images/2011-Ley-de-Seguridad-Ciudadana-Ley-1453.pdf

9048[58], la Ley 9135[59] y la Ley 9177[60]. Adicionalmente, se aplican leyes especiales, por ejemplo, si los delitos involucran los computadores de la administración de impuestos o de la aduana. La Ley penal sustantiva parece estar en gran medida también, acorde con el Convenio de Budapest. Una ley complementaria sobre el acceso al Convenio ha sido sometida al Parlamento, estando actualmente en tramitación. .

En México las modificaciones a las leyes sustantivas penales y procesales están a punto de concluir, lo cual permitirá a este país completar el acceso al Convenio de Budapest sobre el Ciberdelito. Se logró amplio consenso entre los principales actores acerca de la necesidad de estas reformas mediante una conferencia en Ciudad de México del 31 de marzo al 2 de abril de 2014[61]. Este evento congregó a los poderes Ejecutivo, Legislativo y Judicial del país, así como a las autoridades en protección de datos, organizaciones de la sociedad civil y la industria. Varios países de América Latina participaron y poco después de terminada la reunión, Paraguay y Perú solicitaron el ingreso al Convenio de Budapest. Este ejemplo subraya la necesidad de buscar amplio consenso al emprender reformas legislativas y aumentar la coordinación internacional.

En Paraguay, la Ley 4439[62] de 2011 enmendó el Código Penal, el cual ahora incluye la mayoría de las disposiciones del Convenio de Budapest. Se ha establecido un grupo de trabajo para preparar reformas de derecho procesal. En octubre de 2013, Perú había

---

[58] Consultar texto legal en:
http://www.pgrweb.go.cr/scij/Busqueda/Normativa/Normas/nrm_texto_completo.aspx?param1=NRTC&nValor1=1&nValor2=73583&nValor3=90354&strTipM=TC
[59] Consultar texto legal en:
http://www.pgrweb.go.cr/scij/Busqueda/Normativa/Normas/nrm_texto_completo.aspx?param1=NRTC&nValor1=1&nValor2=74706&nValor3=92348&strTipM=TC
[60] Consultar texto legal en:
http://www.ilo.org/dyn/natlex/docs/ELECTRONIC/95501/112467/F114808144/CRI95501.pdf
[61] Alexander Seger.(2016) El estado actual de la legislación sobre el delito cibernético en América Latina y el Caribe: algunas observaciones. Informa Ciberdelito 2016. OEA-BID.pp. 24
[62] Consultar texto legal en: https://www.unodc.org/cld/document/pry/2011/ley_4439_de_2011.html

aprobado la Ley 30.096[63] sobre Delitos Informáticos, encontrando oposición pública respecto a algunas de sus partes, debido a lo cual fue enmendada por la Ley 30171de abril de 2014. Con esta medida, la ley penal sustantiva se encuentra ahora alineada en gran parte con el Convenio de Budapest. Las herramientas específicas del derecho procesal para manejar la evidencia electrónica no están disponibles todavía y se utilizan otras disposiciones por analogía, pero observando la tendencia, serán rápidamente incorporadas estas disposiciones.

En muchos otros países del Caribe y América del Sur se han emprendido también reformas legales o están en curso. Algunos de ellos han usado la Ley Modelo del Commonwealth[64]. En Barbados por ejemplo, la Ley 2005-04 referente al *Uso Indebido Informático* introdujo un marco legal bastante completo ya en 2005, en relación con el Ciberdelito y la evidencia electrónica, incluyendo poderes de derecho procesal. Dado que la Ley Modelo del Commonwealth de 2002 se basaba también en el Convenio de Budapest, el artículo sobre *Uso Indebido Informático* de Barbados parece estar en amplia consonancia con los estándares internacionales. Actualmente en Dominica, varios proyectos de ley están en discusión, entre ellos el proyecto de ley sobre delitos electrónicos. Aparentemente, ahora se le está haciendo frente a las inconsistencias, brechas y amenazas encontradas en un proyecto anterior.

El caso de Chile, lo abordaremos posteriormente, pues su adecuación jurídica ha tenido también una importante oposición de la opinión pública y férreo apoyo gubernamental.

---

[63] Consultar texto legal en: http://busquedas.elperuano.com.pe/normaslegales/ley-de-delitos-informaticos-ley-n-30096-1003117-1/
[64] Ver recomendación en: https://www.oas.org/dil/esp/AG-RES_2607_XL-O-10_esp.pdf

Al parecer, otros países de América Latina están encontrando problemas similares. Una de las razones puede ser la dependencia de "modelos" o "directrices"[65] que no han sido sometidos a prueba.

En definitiva, la mayoría de los Estados de América Latina y el Caribe están comprometidos con un proceso de reforma legal para enfrentar el desafío que supone el Ciberdelito por medio de medidas efectivas de justicia penal y ordinación en materia de Ciberseguridad. La OEA a través de REMJA ha recomendado por más de diez años que sus Estados miembros utilicen el Convenio de Budapest sobre Ciberdelito como una directriz. El supuesto subyacente es que la legislación basada en este tratado se ha sintonizado lo suficiente con los estándares internacionales como para permitir la efectiva cooperación internacional. El Convenio de Budapest quedó abierto para su firma en 2001, pero sigue siendo de gran relevancia. El Comité del Convenio sobre el Ciberdelito, compuesto por los Estados del Convenio de Budapest –incluyendo ahora la República Dominicana y Panamá– evalúa la implementación del tratado por los Miembros, preparando guías metodológicas para abordar nuevos fenómenos, pudiendo también preparar instrumentos legales adicionales, tales como protocolos vinculantes. El Convenio y el trabajo del Comité reciben el apoyo de programas de formación de capacidad. Este triángulo de estándares, seguimiento y formación de capacidad crea un proceso dinámico. Las disposiciones de este tratado son difícilmente controversiales. Por consiguiente, es menos probable que su transposición a la ley interna encuentre oposición si dichas disposiciones se siguen correctamente y con las debidas salvaguardias. Varios países de América Latina y el Caribe han enfrentado resistencia

---

[65] En diciembre de 2014 el Comité del Convenio sobre Delito Cibernético decidió "señalar los riesgos e inquietudes relacionados con las llamadas "leyes-modelo" sobre delito cibernético preparadas y diseminadas por diferentes organizaciones".
http://www.coe.int/t/dghl/cooperation/economiccrime/Source/Cybercrime/TCY/2014/TCY(2014)22_Plen12AbrRep_V5provisional.pdf

pública importante al tratar de introducir poderes de derecho procesal y delitos más allá de la convención. Muchos estados latinoamericanos han logrado adoptar disposiciones de derecho penal sustantivo, basándose en gran medida en este tratado. El desafío principal de la región parece ser la adopción de poderes específicos del derecho procesal. Mientras que los códigos de procedimiento penal tienden a ser más bien modernos, la aplicación por analogía de disposiciones que funcionan bien en el mundo físico o la dependencia del principio de libertad probatoria no son suficientes para abordar los desafíos específicos de la evidencia electrónica. El Convenio de Budapest, por lo tanto, puede servir de lista de verificación para el desarrollo de leyes internas sustantivas y procesales relativas al delito cibernético y la evidencia electrónica.

La búsqueda y captura de datos y computadores o la interceptación de comunicaciones para propósitos de justicia penal representan una interferencia con los derechos fundamentales de los individuos. Tal interferencia debe basarse en disposiciones legales específicas. La adopción de poderes de derecho procesal, tales como los previstos por los Artículos 16 a 21 del Convenio de Budapest sujetos a condiciones y salvaguardias ayudarán en el cumplimiento de los requerimientos del Estado de derecho y de los derechos humanos.

En el Caribe, la adopción de poderes de derecho procesal como tal parece representar un inconveniente menor. Los problemas parecen deberse a que los estándares internacionales no siempre se siguen cuando se elaboran las leyes. A veces esto conduce a inconsistencias, brechas, extralimitación y amenazas a los derechos humanos y al Estado de derecho. Como se indicó al principio, la legislación integral es el fundamento necesario para que la justicia penal dé una respuesta efectiva a los desafíos planteados por el delito cibernético y la evidencia electrónica. Una gran variedad de medidas adicionales para garantizar la aplicación real de las leyes y la cooperación internacional eficiente serán necesarias, incluyendo unidades especializadas en el delito cibernético, de acuerdo también con las recomendaciones del Grupo de Trabajo en Delito Cibernético de las REMJA/OEA[66].

Los fiscales especializados en Argentina (Buenos Aires), Brasil, Chile o Paraguay parecen ser ejemplos de buenas prácticas. En conclusión, las recomendaciones de las REMJA/OEA respecto de la reforma de la ley penal relativa al delito cibernético y la evidencia electrónica que datan de 2004 hoy en gran medida siguen vigentes.

---

[66] Ver ampliamente en: http://www.oas.org/juridico/PDFs/VIIIcyb_recom_en.pdf

CHILE EN EL CAMINO DE LA COOPERACIÓN Y EL DESARROLLO EN EL CIBERESPACIO

I

ANÁLISIS DE LA POLITICA NACIONAL CHILENA DE CIBERSEGURIDAD

La penetración de las TIC en todas las áreas en las que nos desarrollamos y relacionamos ha significado una revolución que no ha dejado a nadie indiferente. En la actualidad nos cuesta pensar en una vida sin las redes informáticas y eso incluye, por cierto, nuestras relaciones sociales.

En el ámbito público, la administración del Estado en forma creciente coloca información e interactúa con los ciudadanos a través de internet, cumpliendo de este modo compromisos de oportunidad en la entrega de sus servicios y transparencia en su gestión, promoviendo de esta forma el gobierno digital y la gobernanza del internet como política pública (SANCHO, 2016:3).

Junto a lo indicado y con la finalidad de facilitar el acceso de internet a la ciudadanía, el Estado de Chile a partir de las agendas Imagina de Sebastián Piñera y Digital 2020 de Michelle Bachelet han generado programas de libre acceso, ello a través del programa WiFi ChileGob, proyecto que ayuda a mejorar el acceso en los lugares más vulnerables de Chile que poseen pocas alternativas de conectividad.

Adicionalmente, el gobierno actual impulsa la iniciativa Yo elijo mi PC, que busca aumentar los niveles de equidad y disminuir la brecha digital, favoreciendo a niños y niñas en condición de vulnerabilidad de séptimo año básico. Así, en los ocho años que lleva el programa, se ha beneficiado a más de 350.000 estudiantes (SANCHO, 2016:7).

En el contexto anterior, donde el acceso a internet y el uso y dependencia de las TIC aumenta ostensiblemente, el fenómeno criminológico asociado a la ciberdelincuencia y a los ataques cibernéticos se ha visto potenciado. Así, por ejemplo, la Red de Conectividad del Estado de Chile registró un aumento en los patrones maliciosos que la afectan de más de cien millones de ataques, entre 2014 y 2015, pasando el año 2016 a cifras exponencialmente más altas por ataques de Denegación Distribuida de Servicios (DDoS) (SANCHO, 2016:3).

Ante tal realidad, tanto el programa de gobierno de Michelle Bachelet como la Agenda Digital 2020 consideran especialmente el desarrollo de una estrategia de seguridad digital que promueva la protección de los usuarios privados. Por lo anterior, el gobierno ha trabajado desde abril del año 2015, mediante un Comité Interministerial de Ciberseguridad, en la elaboración de esta, la primera Política Nacional de Ciberseguridad del país, la cual ha sido afinada luego de un exitoso proceso de Consulta Ciudadana llevado a cabo entre febrero y marzo del año 2016.[67]

Si bien la Política Nacional de Ciberseguridad aborda con especial interés la persecución y sanción de los ciberdelitos, su espíritu va mucho más allá del ámbito punitivo, ya que una variable fundamental para disminuir los riesgos asociados al ciberespacio y aprovechar sus potencialidades es la sensibilización, formación y difusión en

---

[67] La consulta ciudadana enmarcada en la ley 20500, se pueden consultar en el siguiente link: http://ciberseguridad.interior.gob.cl/media/2016/04/Respuestas-y-Comentarios-a-Consulta-Ciudadana-Pol%C3%ADtica-Nacional-sobre-Ciberseguridad-.xlsx

Ciberseguridad de la ciudadanía. Asimismo, aprovechando las ventajas competitivas que tiene nuestro país en términos de acceso a internet, madurez del mercado digital y calidad de los profesionales, la Política busca promover el desarrollo industrial y productivo en Ciberseguridad (Sancho, 2016:3).

La Política Nacional de Ciberseguridad constituye el primer resultado concreto para abordar este desafío transnacional y que ha sido fruto del trabajo colectivo del Comité Interministerial sobre Ciberseguridad, integrado por las Subsecretarías de Interior, Relaciones Exteriores, Defensa, Hacienda, Secretaría General de la Presidencia, Economía, Justicia, Telecomunicaciones y la Agencia Nacional de Inteligencia.

El Comité sesionó durante todo el año 2015, convocando a múltiples audiencias públicas donde recibió a representantes de entidades gremiales, de empresas, de organizaciones de la sociedad civil, académicos y expertos nacionales e internacionales en Ciberseguridad (Sancho, 2016:3).

La Política Nacional de Ciberseguridad plantea varios objetivos estratégicos de largo plazo, destinados a abordar los desafíos que como país enfrentamos ante el ciberespacio, incorporando no sólo el ámbito de acción del Estado, sino también considerando el rol que la cabe al sector privado, la sociedad civil y el mundo académico en esta importante tarea. La Política Nacional de Ciberseguridad refleja una idea central para los tiempos que corren: seguridad y libertad son conceptos complementarios entre sí, y el combate a los ciberdelitos y otras amenazas en Internet no puede convertirse en una excusa para atropellar derechos humanos como la privacidad y la libertad de expresión, sino un modo de garantizar plenamente estos derechos en el ciberespacio.

II
ESTADO ACTUAL DE LA CIBERSEGURIDAD EN CHILE Y SU RELACIÓN CON LA POLÍTICA HEMISFÉRICA DE CIBERSEGURIDAD

Atendido el carácter global del ciberespacio, los riesgos y amenazas provienen de Chile y del exterior, y se originan tanto en causas naturales como en actividades delictuales, por ejemplo, en labores de espionaje y vigilancia llevadas a cabo con diversos fines, afectando la confidencialidad, integridad y disponibilidad de los activos de información en el ciberespacio, y con ello, los derechos de las personas.[68] A nivel global, existen abundantes antecedentes sobre ciberataques y actividades de espionaje en la red. La interceptación masiva de redes de telecomunicaciones, la inutilización del servicio de internet, el espionaje contra gobiernos y empresas, además de ataques contra infraestructuras críticas como servicios básicos, instituciones financieras y entidades gubernamentales, han marcado la pauta informativa a nivel global en esta materia. (PNCS,2016)

A nivel regional, en el año 2013 los países que registraron el mayor número de ciberataques en Latinoamérica fueron Brasil, Argentina, Colombia, México y Chile. Los accesos o robo de información desde computadores o dispositivos infectados predominaron en la región (PRANDINI y MAGGIORE, 2013). Asimismo, los ciberdelitos cometidos en Chile confirman el carácter transnacional de éstos, especialmente los relacionados con el uso fraudulento de tarjetas de crédito y débito, estafas informáticas, entre otros.

---

[68] Ver anexo N°2 con información sobre riesgos para el país en el ciberespacio.

Contar con políticas públicas en Ciberseguridad se justifica porque el aumento en el uso del ciberespacio[69] a nivel internacional y nacional genera mayores riesgos, amenazas y vulnerabilidades para los usuarios, siendo necesario ofrecer mayores garantías de seguridad en este ambiente para que la legitimidad y confianza en sus beneficios no se vean mermadas por la impunidad que significa no contar con una legislación eficaz contra los ciberdelitos.(PNCS,2016) Al respecto es del caso revisar algunos datos que ilustran lo indicado.

Con relación al aumento en el uso del ciberespacio a nivel internacional, se constata que la *"proporción de la población mundial cubierta por las redes móviles y celulares es ahora de más del 95%, mientras que el número de abonados a telefonía móvil celular se ha incrementado de 2.200 millones en 2005 a unos 7.100 millones en 2015"*. (PNCS,2016: 6)

El número de usuarios de Internet también ha crecido rápidamente, y actualmente se estima en más del 40% de la población mundial"[70]. En Chile esta tendencia se replica al observar que el uso de internet se ha incrementado de 585.489 conexiones fijas en el año 2000 a 2.556.914 en el año 2015[71], según la Subsecretaría de Telecomunicaciones. (Agenda Digital 2020, 2017)

Respecto a los riesgos, amenazas y vulnerabilidades, es posible afirmar que un incremento de las amenazas en el ciberespacio, sumado a la carencia de medidas de seguridad de acuerdo con estándares internacionales produce una importante vulnerabilidad en los usuarios del ciberespacio, poniendo en riesgo su seguridad y la confianza de este ambiente de creciente interacción social y laboral. En efecto,

---

[69] Entendido como "un ambiente compuesto por las infraestructuras tecnológicas, los componentes lógicos de la información y las interacciones sociales que se verifican en su interior". En: Bases para una Política Nacional de Ciberseguridad. MISP/MDN. Chile. 2015. p. 13.
[70] Unión Internacional de Telecomunicaciones. "Medición de la Sociedad de la Información 2015". Resumen Ejecutivo. Suiza. 2016. pp. 1-2. Disponible en https://www.itu.int/en/ITU-D/Statistics/Documents/publications/misr2015/MISR2015-ES-S.pdf
[71] Mensaje presidencial N° 050 – 364 enviado el 6 de Mayo del 2016. p. 2.

puede considerarse como un tipo de amenaza en el ciberespacio el incremento de los ilícitos en éste, generando tanto pérdidas económicas como también dudas sobre sus ventajas, poniendo en riesgo la credibilidad de este ambiente como el más eficiente y eficaz para intercambiar información y efectuar transacciones.

En este sentido, hay estimaciones que consideran que *"el cibercrimen le cuesta al mundo hasta US$ 575.000 millones al año, lo que representa el 0,5% del PIB global. Eso es casi cuatro veces más que el monto anual de las donaciones para el desarrollo internacional. En América Latina y el Caribe, por ejemplo, este tipo de actividades nos cuestan alrededor de US$ 90.000 millones al año"* (MORENO; 2016). En el caso chileno no hay estimaciones equivalentes, aun cuando se constata un aumento en las denuncias por ilícitos en el ciberespacio, "de acuerdo con datos del Ministerio Público, los casos ingresados por sabotaje informático han aumentado de 5 el año 2006 a 770 el año 2014, mientras el espionaje informático aumentó de 1 caso el año 2006 a 206 el año 2014"[72]. Complementa lo indicado el registro de conductas sospechosas y maliciosas detectadas en la Red de Conectividad del Estado (RCE) durante el año 2014 correspondientes a: relacionados con botnet y malware (30%); alteración de protocolos y estándares (12%); intentos de acceso webs de gobierno (8%); intentos de acceso a equipos de gobierno (32%) y relacionados con SPAM (18%) (Agenda Digital 2020, 2017)

Para enfrentar este tema y avanzar en la generación de estándares internacionales de seguridad en el ciberespacio, en 2014 se convocó a la "Comisión de Trabajo Interministerial Conducente a la Adhesión de Chile a la Convención sobre Ciberdelitos del Consejo de Europa" (creada en 2009), con la finalidad de evaluar la pertinencia, identificar los requisitos y establecer los desafíos de la adhesión de Chile a este tratado internacional, sobre delitos realizados por medio

---

[72] Mensaje presidencial N° 050 – 364. p. 2

de internet y de otros sistemas informáticos cuyo "principal objetivo (...) *es el desarrollo de una política criminal común frente al ciberdelito, mediante la homologación de la legislación penal, sustantiva y procesal, y el establecimiento de un sistema rápido y eficaz de cooperación internacional"* [73]. La Comisión recomendó adherir al Convenio de Budapest[74] y actualmente esta materia está siendo analizada en el Congreso Nacional (Boletín 10682 – 10).

Se adiciona a lo indicado el trabajo efectuado durante el bienio 2014-2015 entre el Ministerio de Defensa Nacional (MDN) y el Ministerio del Interior y Seguridad Pública (MISP), cuyo resultado fue la elaboración de un documento que establece las bases para una Política Nacional de Ciberseguridad[75], documento que en su última parte contempla una aproximación conceptual mínima a nociones frecuentemente usadas a nivel nacional en materia de Ciberseguridad, que han carecido de una comprensión compartida sobre su significado, como es el caso de incidente informático [76], ciberataque [77], ciberdefensa [78] e infraestructura crítica de la información[79].

---

[73] Mensaje N° 050 – 364.

[74] Denominación homóloga que se da a la Convención sobre Ciberdelitos del Consejo de Europa. Disponible en: https://www.coe.int/t/dghl/cooperation/economiccrime/Source/Cybercrime/TCY/ETS_185_spanish.PDF

[75] Bases para una Política Nacional de Ciberseguridad. MISP / MDN. Chile. 2015. Disponible en http://Ciberseguridad.interior.gob.cl/media/2015/12/Documento-Bases-Pol%C3%ADtica-Nacional-sobre-Ciberseguridad.pdf

[76] Definido como "evento que afecta la confidencialidad, integridad o disponibilidad de la información, como también la continuidad del servicio proporcionado por los sistemas que la contienen". En: Bases para una Política Nacional de Ciberseguridad. MISP / MDN. Chile. 2015. p.14.

[77] Definido como "una expresión del ciberconflicto consistente en acciones hostiles desarrolladas en el ciberespacio con el objetivo de irrumpir, explotar, denegar, degradar o destruir la infraestructura tecnológica, componente lógico o interacciones de éste y pueden tener distintos niveles según su duración, frecuencia y daño generado". En: Bases para una Política Nacional de Ciberseguridad. MISP / MDN. Chile. 2015. p. 14.

[78] En el texto se entiende que "el término posee dos acepciones. (A) En un sentido amplio, son acciones contempladas en el marco de una política nacional de Ciberseguridad orientadas a proteger el ciberespacio ante cualquier acción que pueda dañarlo. (B) En un sentido restringido, es el conjunto de políticas y técnicas de la Defensa Nacional destinadas a enfrentar los riesgos y amenazas propias del ciberespacio, de acuerdo con sus atribuciones constitucionales y legales". En: Bases para una Política Nacional de Ciberseguridad. MISP / MDN. Chile. 2015. p. 14.

[79] Definida como "las instalaciones, redes, servicios y equipos físicos y de tecnología de la información cuya afectación, degradación, denegación, interrupción o destrucción pueden tener una repercusión importante en la salud, la seguridad o el bienestar económico de los ciudadanos o en el eficaz funcionamiento de los gobiernos de los Estados". En: Bases para una Política Nacional de Ciberseguridad. MISP/MDN. Chile. 2015. p. 14. Esta definición se complementa con lo indicado en la Propuesta de PNCS donde se indica que en el "caso chileno, la

Este texto es un insumo clave para el trabajo realizado por el "Comité Interministerial sobre Ciberseguridad" [80] (CICS), entidad creada por el Decreto 533/2015 y concebida como una

> "comisión asesora del Presidente de la República (...) de carácter permanente, que tendrá una composición interministerial, cuya misión es proponer una Política Nacional de Ciberseguridad, y asesorar en la coordinación de acciones, planes y programas de los distintos actores institucionales en la materia" (Decreto 533/2015).

Asimismo, este decreto define Ciberseguridad como:

> "aquella condición caracterizada por un mínimo de riesgos y amenazas a las infraestructuras tecnológicas, los componentes lógicos de la información y las interacciones que se verifican en el ciberespacio, como también el conjunto de políticas y técnicas destinadas a lograr dicha condición". (Decreto 533/2015)

Esta aproximación conceptual facilitó la labor efectuada en el marco del CICS durante 2015 y orientó la elaboración de la propuesta de Política Nacional de Ciberseguridad, difundida el primer trimestre de 2016 como borrador y en calidad de propuesta, con la finalidad de permitir la participación de la sociedad civil a través de una consulta pública del texto para que ésta entregara sus comentarios y sugerencias.

La propuesta de Política Nacional de Ciberseguridad se enmarca en un conjunto de políticas nacionales en materia digital las cuales corresponden a: la Agenda Digital 2020; la Política Nacional de

---

infraestructura de la información de los siguientes sectores será considerada como crítica: energía, telecomunicaciones, agua, salud, servicios financieros, seguridad pública, transporte, administración pública, protección civil y defensa, entre otras". En: Propuesta de Política Nacional de Ciberseguridad. "Comité Interministerial sobre Ciberseguridad". Chile. 2016. p. 9. Disponible en http://Ciberseguridad.interior.gob.cl/media/2016/02/Borrador-Consulta-P%C3%BAblica-PNCS.pdf
[80] Creado por medio del Decreto 533/2015.

Ciberdefensa y la Política Internacional para el Ciberespacio. Asimismo, identifica "los lineamientos políticos del Estado de Chile en materia de Ciberseguridad, con una mirada que apunta al año 2022, para alcanzar el objetivo de contar con un ciberespacio libre, democrático, abierto, seguro y resiliente"[81]. De esta manera se contribuye a: resguardar la seguridad de las personas en el ciberespacio; proteger la seguridad del país; promover la colaboración y coordinación entre instituciones y gestionar los riesgos del ciberespacio, a través de un enfoque de corto, mediano y largo plazo.

Especial mención requiere la política de ciberdefensa que requiere ser definida e iniciarse su implementación a la brevedad, dado que su formulación es complementaria e inclusive da soporte a otras políticas del sector Defensa. En efecto, el ciberespacio presenta características diferentes a otros ambientes en los cuales se desarrolla el conflicto bélico, debido a que *"el ciberespacio no es un ámbito análogo al de la tierra, mar, aire o estratósfera, no tiene distancias, posiciones ni territorios que puedan ocuparse; el ciberespacio no puede ser conquistado"*, lo cual obliga a identificar las características del conflicto a enfrentar en el ciberespacio (¿ataques, crisis o guerra?), sus posibles consecuencias (¿Qué significaría desde una perspectiva estratégica una blackout energético?), el modo en que puede lograrse la disuasión, el tipo de capacidad deseada a desarrollar (¿ofensiva, defensiva o ambas?) y los criterios que orientarán las decisiones en la materia.

Aunque el trabajo efectuado hasta la fecha, en el marco de la formulación de una Política Nacional de Ciberseguridad, puede mirarse en forma optimista porque se ha logrado generar tres herramientas que guían la acción de la autoridad en materia de Ciberseguridad, como son: la identificación de los principios orientadores de política pública; el establecimiento de objetivos estratégicos (mediano y largo plazo) a

---

[81] Propuesta de Política Nacional de Ciberseguridad. "Comité Interministerial sobre Ciberseguridad". Chile. 2016. p. 4. Disponible en http://Ciberseguridad.interior.gob.cl/media/2016/02/Borrador-Consulta-P%C3%BAblica-PNCS.pdf

lograr el año 2022 y la elaboración de un plan de acción (corto plazo) para el 2017, todos ellos contenidos en la propuesta de Política Nacional de Ciberseguridad que además ha considerado en diferentes etapas de su preparación la participación no solo del sector público, sino también, la del sector privado, el académico y la sociedad civil.

LOS GOBIERNOS DE SEBASTIÁN PIÑERA Y MICHELL BACHELET FRENTE A LA CIBERSEGURIDAD

I

SEBASTIÁN PIÑERA Y LA AGENDA IMAGINA (2010-2014)

Sin duda, poner a los recientes gobiernos presidenciales de Sebastián Piñera (2010-2014) y Michell Bachelet (2014-2018) en comparación es una tarea difícil, sobre todo al considerar que el gobierno de Michell Bachelet aún no ha concluido, quedándole 4 meses para el traspaso de mando – nuevamente - a Sebastián Piñera. Entre ambos gobiernos se divisan dos posturas bastante diferentes frente a la Ciberseguridad, como veremos, los dos últimos gobiernos de Chile si bien convergen en una postura promotora en la utilización del ciberespacio, no observaron ambos de la misma manera la necesidad de cautelar un ciberespacio seguro y sin riesgos asociados a los ciberdelitos. (AGENDA IMAGINA, 2012)

En este sentido es importante destacar que las motivaciones del gobierno de Sebastián Piñera, en virtud de la Agenda Imagina no hacen referencia a la Ciberseguridad en ningún punto de su programa de gobierno, es más, durante los años en que se desarrolló la Agenda Imagina, es decir durante su gobierno entre los años 2010 y 2014, no hubo avance en materia de Ciberseguridad en Chile como política pública, más bien el foco de la Agenda Imagina de Sebastián Piñera, se redujo al incentivo en la utilización de internet para realizar las actividades y tramites gubernamentales, brindado plataformas con interfaz amigable y en varios dispositivos. Se implementó el plan de digitalización de trámites "Chile sin papeleo", concretado como iniciativa presidencial, con un instructivo, consulta ciudadana, herramientas de apoyo tecnológico a instituciones públicas y un plan de trabajo para digitalizar el 60% de los trámites durante 2013. (AGENDA IMAGINA, 2012)

En su gobierno, se trabajó lo que se denominó el *Gobierno Electrónico* fortaleciendo la interoperabilidad del Estado, aumentando de 5 a más de 40 instituciones y 100 servicios de información que permiten que los servicios públicos aprovechen la información que ya existe en el Estado y no le sea solicitada innecesariamente a los ciudadanos.

Por su lado, la edición 2012 del índice eGoverment de las Naciones Unidas[82] destacó que Chile recuperó el liderazgo de América Latina en *gobierno electrónico*. Luego de que el país perdiera el primer lugar en los años 2008 y 2010, ante Argentina y Colombia. La medición destaca las políticas desarrolladas por el gobierno del Sebastián Piñera como el uso de la ventanilla única y la incorporación de entrega de servicios multicanal como un medio para facilitar la eficiencia pública y mejorar el acceso y la calidad de los servicios que se entregan a los ciudadanos. También hace hincapié en el uso de medios electrónicos para contactar con los ciudadanos, señalando el uso habitual de enlaces de redes sociales como twitter y chats. (AGENDA IMAGINA, 2012)

El índice de eGoverment de las Naciones Unidas mide el avance de los países en tres dimensiones: servicios online, infraestructura de telecomunicaciones y capital humano. En su edición 2012, Chile mejora en todas las dimensiones, logrando un puntaje de 0,6769 sobre un máximo posible de 1. (AGENDA IMAGINA, 2012)

---

[82] Ver ampliamente en: https://publicadministration.un.org/egovkb/Portals/egovkb/Documents/un/2012-Survey/Complete-Survey-Spanish-2012.pdf

No obstante aquello, el foco de aprovechamiento del ciberespacio estuvo enfocado sólo en la tramitación en línea, la digitalización de la papelería gubernamental, y el mayor acceso a internet por parte de los hogares, descuidando la seguridad de las operaciones, lo que a la postre generó que Chile fuese uno de los países con mayores incidentes cibernéticos en la región, entre los años 2012-2015.

Otros elementos que conviene considerar, es el bajo incentivo gubernamental para coordinar transnacionalmente, con los pares latinoamericanos estrategias de seguridad cibernética. No se desarrolló una estrategia nacional en Ciberseguridad, ni mucho menos una política nacional de Ciberseguridad. Durante 2010 y 2014, se evidenció una escasez temática en las discusiones jurídicas y los esfuerzos por modernizar la legislación en materia de delitos informáticos, como ya hemos mencionado anteriormente, la ley 19.223 de 1993 es la única norma legal que regula estos ilícitos y no ha sido modificada hasta el día de hoy, es más, no sólo no se discutió poco en este gobierno, sino que tampoco se avanzó en el concepto de la *Gobernanza de la Internet*[83] , pues no están presentes en ningún informe del gobierno de Sebastián Piñera, los conceptos de la Ciberseguridad, ni desde una educación cibernética ni desde una política nacional para ejercer soberanía ni jurisdicción en el ciberespacio (AGENDA IMAGINA, 2012).

El incentivo más bien se focalizó en el uso, la ampliación de las conexiones y la transformación de los trámites financieros y burocráticos. Sin que este objetivo fuese logrado completamente durante el gobierno analizado, puesto que como veremos más adelante con el gobierno de Bachelet, que - cambiando el objetivo -

---

[83] Una aproximación a la gobernanza de internet según Garay (2014)es en múltiples actores (gobierno, sector privado, organizaciones de la sociedad civil, sector académico, usuarios) participando en diferente espacios de toma de decisiones que los incluyen, con asuntos referidos a las diversas capas de internet (infraestructura, protocolos y usuarios), que utiliza un modelo button-up de toma de decisiones, siendo estas no vinculantes y fundamentalmente propiciadas por los espacios creados por la ONU como el Foro Mundial De Gobernanza de Interent (IGF),o la iniciativa autónoma LACIGF para América Latina y el Caribe y demás iniciativas nacionales que debaten y ponen en discusión los distintos temas que se van sumando a la agenda.

logró expandir mucho más el acceso a internet mediante programas como *WiFiGob* y *Yo elijo mi Pc.*

II

MICHELLE BACHELET Y LA AGENDA DIGITAL 2020

(2014-2018)

Durante la administración de Michelle Bachelet se inició una transformación paradigmática en materia de ciberseguridad, hubo una concientización sobre la necesidad de procurar bridar a los ciudadanos un espacio cibernético seguro jurídicamente y de amplia cobertura. En este sentido, es importante destacar que la administración Bachelet incorporó el concepto de la ciberseguridad como procuración a nivel de política pública.

Siguiendo una hoja de ruta basada en la Agenda Digital 2020, se iniciaron e impulsaron medidas destinadas a volver más seguro el ciberespacio, que, a partir del fomento en su utilización por parte del gobierno de Piñera, se convirtió en un paraíso para las actividades ilícitas. Una serie de ciberdelitos impactaron en dicho periodo, no solo a usuarios sino también a grandes compañías e incluso al mismo Estado de Chile[84].

La orientación del gobierno de Bachelet posee dos componentes centrales: una política de Estado, diseñada con objetivos orientados al año 2022, y una agenda de medidas específicas, que han sido implementadas este año y con proyección para el 2018. (Agenda Digital 2020, 2017)

---

[84] Ver nota publicada en: http://www.latercera.com/noticia/casi-24-mil-ciberdelitos-se-reportaron-primer-semestre/

La Agenda Digital 2020 pretende avanzar hacia el desarrollo digital del país, mediante la definición de objetivos de mediano plazo, líneas de acción y medidas concretas. Esta agenda en gran parte mantiene varias ideas de la Agenda Imagina, especialmente en materia de extensión de la cobertura y ampliación de los trámites en línea. La Agenda fue lanzada el segundo semestre del año 2015, y *"aspira a que el uso masivo de las tecnologías se transforme en un medio para reducir las desigualdades, permitiendo abrir más y mejores oportunidades de desarrollo, y contribuir al respeto de los derechos de todos los chilenos y chilenas"* (Agenda Digital 2020, 2017)

En esta hoja de ruta existe una medida específica – la N°25 - y apunta a la elaboración de una estrategia nacional de Ciberseguridad. Este punto es muy relevante, pues a partir de él se desarrolló e impulso un Comité Interministerial de Ciberseguridad dirigido por Mahmud Aleuy- que haciendo referencia a la ley 20.500 de participación ciudadana en la administración del Estado - realizó este año una consulta ciudadana, además de varias actividades nacionales y internacionales para nutrir una Política Nacional de Ciberseguridad. Primera política pública de Chile en esta materia. (Agenda Digital 2020, 2017)

Los objetivos de esa política nacional de Ciberseguridad son explícitos y muchos de ellos se han logrado durante el último año. Como contar con equipos de respuesta a incidentes de Ciberseguridad (CSIRT) [85] que como señalamos en el primer capítulo, son los canales más eficientes en la comunicación y coordinación regional frente a los ataques cibernéticos transnacionales. También se plantea la prevención de ilícitos y la generación de confianza en el ciberespacio, en este sentido es importante resaltar que la prevención, la disuasión, el control y la sanción de los ilícitos son indispensables para minimizar los riesgos y amenazas en el ciberespacio, de manera de contribuir a la

---

[85] La web site de equipo chileno es: https://www.csirt.gob.cl/stats.html

generación de confianza en las actividades que en él se desarrollan. (PNCS, 2017)

Existen múltiples actividades ilícitas que se llevan a cabo en el ciberespacio nacional, como la sustracción de información estratégica, la interrupción de sistemas de servicios en línea, fenómenos como el secuestro de información (ransomware), phishing, pharming y el uso fraudulento de tarjetas de crédito o débito, entre otras modalidades. Junto con políticas públicas que se hagan cargo de prevenir y sancionar ilícitos, también es posible generar confianza en el ciberespacio mediante el empleo de las mismas tecnologías.

En ese sentido, la agenda promueve la adopción de soluciones técnicas que permiten aumentar la seguridad de los usuarios del ciberespacio, especialmente aquellas que colaboren con la gestión de la identidad en este ambiente, como la adopción masiva de certificados digitales (firma digital) en sitios web y por parte de las personas y organizaciones, como una manera de asegurar las comunicaciones e identidad de los usuarios. Junto con lo anterior, el gobierno de Bachelet reconoció el valor de las tecnologías de cifrado, que permiten dotar de niveles de confidencialidad e integridad de la información sin precedentes en nuestra historia.

Otro objetivo destacable es el establecimiento manifiesto de relaciones de cooperación en Ciberseguridad con otros actores y la participación activa en foros y discusiones internacionales.

Aun cuando prácticamente no existen instrumentos normativos específicos, el ciberespacio está regulado tanto por las leyes nacionales como por la normativa internacional general aplicable, por lo que el desafío consiste principalmente en identificar e interpretar las normas relevantes del derecho internacional aplicables. No obstante, existen desafíos que deben enfrentarse mediante acuerdos y normas internacionales específicas, como el Convenio de Budapest al que Chile acaba de adherir el 21 de abril del presente año.

Simultáneamente se propone promover el debate y la adopción de acuerdos multilaterales y bilaterales que fomenten la cooperación y asistencia mutua en Ciberseguridad, tanto a nivel de instrumentos formales como de acuerdos y arreglos informales que apunten a la transparencia y construcción de confianzas internacionales en la materia. (PNCS, 2017)

Mientras se discute y aprueba en el Congreso Nacional el proyecto de ley sobre Ciberseguridad, que contendrá la propuesta de institucionalidad definitiva, ciertas funciones identificadas como esenciales, están siendo ejercidas temporalmente por algunas de las instituciones que forman parte de la actual estructura de gobierno, por ejemplo, en materia técnica para la gestión de los incidentes que se generen en la Red de Conectividad del Estado, el CSIRT Gob cumple esta tarea, mientras que a nivel político, se está proponiendo prorrogar la existencia y ampliar el mandato del Comité Interministerial sobre Ciberseguridad, respecto de la función comunicacional, de coordinación y seguimiento de medidas presentadas en la Política Nacional de Ciberseguridad. Así también, la adhesión al convenio de Budapest exige la actualización del marco jurídico interno, cuestión que también surge en el gobierno de la Bachelet. El proyecto de ley ingresado el jueves 18 de junio de 2015 por los diputados Marisol Turres y Arturo Squella, tipifica y sanciona los delitos informáticos y deroga la ley N° 19.223. Constituyéndose por primera vez[86] un verdadero esfuerzo por actualizar al contexto jurídico actual los mecanismos para castigar

---

[86] Nueve años después de la entrada en vigencia de la ley 19.223, una moción de los entonces diputados Pablo Longueira, Darío Paya, Sergio Correa, Andrés Egaña, Camilo Escalona, el ex diputado y destacado penalista Juan Bustos Ramírez, los aún diputados Iván Norambuena y Rosauro Martínez y los ex diputados y actuales senadores Iván Moreira y Patricio Walker, propusieron modificar esta ley, sin embargo esta moción no prospero por el tarso de la conectividad en Chile.

efectivamente este tipo de delitos, considerando también su dimensión transnacional.

III

El CONVENIO DE BUDAPEST

Como hemos señalado latamente a través de este estudio, la naturaleza misma de los delitos cometidos a través de Internet hace imposible su persecución, si no existe la colaboración internacional entre los países. Se trata de delitos cuya ejecución puede ser realizada en un país distinto a aquel en que se reflejan los daños. Por ello, una conducta lesiva debe ser delito en cada jurisdicción. Así, no obstante de respetar las legislaciones locales, los Estados deben definir delitos informáticos basados en un modelo común. Chile necesita participar en las iniciativas internacionales contra la delincuencia informática y así lo ha estado haciendo los últimos 20 meses, aunque es muy reciente su incorporación a la cooperación en materia de ciberseguridad, el escenario no dista mucho de esta realidad. Los problemas son variados para adoptar un marco legal capaz de homogeneizar la tipicidad de las conductas delictivas del ciberespacio en cada país. (PNCS,2017)

Un importante esfuerzo para crear un modelo de enfoque respecto a la delincuencia informática finalizó exitosamente el 8 de noviembre de 2001 en el Consejo de Europa, que reúne a 41 países, junto a otros Estados no miembros como Estados Unidos, Canadá, Japón y Sudáfrica. Se trata del primer tratado internacional sobre delitos en Internet. La Convención de Budapest, la cual pretende sancionar las acciones dirigidas en contra de la confidencialidad, integridad y la disponibilidad de los sistemas computacionales, redes e información computacional, como el mal uso de dichos sistemas, redes e información, mediante la penalización y adopción de medidas necesarias para combatir efectivamente dichas conductas, mediante la facilitación de la detección, investigación y procesamiento de las mismas, tanto a nivel nacional como internacional, junto a una rápida y confiable cooperación internacional (MARKOVICTH, 1999).

La Convención clasifica los delitos en 5 títulos, los que deberán ser incorporados a las legislaciones nacionales por cada uno de los países que subscriban la Convención:

Título 1. Delitos en contra de la confidencialidad, integridad y disponibilidad de sistemas e información computacional. Se sanciona el acceso no autorizado, la intercepción de datos, la alteración de datos, la intervención de sistemas y el mal uso de instrumentos (incluyendo virus computacionales) para cometer las conductas antes mencionadas.

Título 2. Delitos relacionados con la informática. Se sanciona la falsificación informática y el fraude informático.

Título 3. Delitos relacionados con el contenido. Se sanciona la difusión de pornografía infantil.

Título 4. Delitos relacionados con las infracciones a la propiedad intelectual y derechos conexos. Se sanciona la difusión de obras protegidas en infracción a las normas sobre propiedad intelectual y derechos conexos.

Título 5. Delitos relacionados con la colaboración y encubrimiento de las conductas mencionadas en los títulos anteriores. En este título se contempla además la posibilidad.[87]

La Convención aborda también, normas comunes sobre procedimiento, investigación, prueba (recopilación de datos informáticos en tiempo real, intercepción de datos, etc.) y

---

[87] Ver texto de la Convención en: http://www.oas.org/juridico/english/cyb_pry_convenio.pdf y al final de este estudio se ha anexado (1) para su consulta directa.

competencia, que deberán adoptar los Estados. En materia de cooperación internacional, la Convención señala las normas generales que regularan dicha cooperación, normas sobre extradición, mutua asistencia, normas sobre cooperación en la investigación y prueba de delitos informáticos.

A la vez otorga a la policía la posibilidad de obligar a empresas a conservar datos de divulgación, tráfico y conexión, para poder rastrear el origen de un ataque informático. Un borrador del texto de la Convención ha sido preparado durante 4 años por el Comité de Expertos en Delitos en Internet del Consejo de Europa, junto a los demás países que sin ser miembros de dicho consejo han participado en esta iniciativa. Sólo en abril del año 2000 el borrador fue dado a conocer al público en general.

Grupos defensores de la privacidad y de los derechos humanos objetaron el borrador de la Convención, por la falta de resguardos procesales para proteger los derechos de las personas, y por la posibilidad de que leyes nacionales de los países suscriptores impongan restricciones a la privacidad, al anonimato y a la encriptación de datos. (PNCS, 2017)

Por otro lado, también se ha argumentado que los requerimientos a los proveedores de servicios de Internet, para monitorear las comunicaciones y para proveer asistencia a los investigadores, son muy costosos y gravosos. La Convención fue aprobada por la Asamblea Parlamentaria del Consejo de Europa con fecha 24 de abril de 2001, y por el Comité Europeo Sobre Crímenes el 22 de junio de 2001. Con fecha 19 de septiembre de 2001, los Diputados del Comité de Ministros del Consejo de Europa aprobaron presentar el Convenio para la aprobación final del Comité de Ministros del Consejo de Europa, aprobación que fue obtenida con fecha 8 de noviembre de 2001. La Convención tiene un protocolo adicional por el cual cualquier contenido racista o xenofóbico, que sea publicado a través de redes computacionales será considerado un delito. (PNCS, 2017)

Las características de la delincuencia informática provocan que la misma sea un problema global, que sólo podrá ser enfrentado y controlado mediante la cooperación de los distintos países. Por ello, recomendamos que Chile participe en estas iniciativas. Finalmente, hacemos presente que el artículo 37 de la Convención, contempla el procedimiento para que Estados que no han participado en la preparación de la Convención, puedan adherirse a la misma.

A partir del 1 de agosto de este año, tres meses después del depósito realizado el 21 de abril, Chile se convirtió en el miembro número 54 del Tratado y el primero en Sudamérica. Esto es un gran avance en Ciberseguridad, que a diferencia del gobierno anterior este sí atendió, pues la seguridad cibernética como una política pública debe trabajarse con gran fuerza, siendo actualmente el país con la mayor cobertura en Ciberseguridad en América latina. Faltando aun mucho por hacer, por ejemplo, lograr la efectiva modernización jurídica y derogación de la ley 19.223. (PNCS, 2017)

IV

SITUACIÓN JURÍDICA ACTUAL DE CHILE

La institucionalidad chilena vigente en materia de ciberseguridad se encuentra distribuida en diversos organismos y entidades. Esto hace necesario la coordinación estratégica de los distintos esfuerzos, de sus roles y funciones, y el establecimiento de prácticas y criterios técnicos comunes, con el objetivo de mejorar la eficiencia y eficacia en el ámbito de la Ciberseguridad. En esta materia, Chile ha desarrollado un conjunto de normas legales y reglamentarias que se hacen cargo directa e indirectamente del fenómeno de la Ciberseguridad que resulta necesario revisar y actualizar conforme a las directrices que la nueva Política Nacional de Ciberseguridad y a los compromisos internacionales de Chile, por ejemplo, la ley N.° 19.223 sobre delitos informáticos o la ley N.° 19.628 sobre protección de la vida privada, entre otras.

Las normas que intervienen en materia de Ciberseguridad en Chile son:

- **Ley N.° 19.223.** Esta ley promulgada en 1993 y de la que ya hemos hablado anteriormente, tipifica figuras penales relativas a la informática: dentro de los ciberdelitos, existe una subcategoría relativa a la afectación de los componentes lógicos del ciberespacio (programas de computación, sistemas informáticos, bases de datos), que se denominan delitos informáticos. Esta Ley contempla tipos penales específicos para el acceso no autorizado, sustracción y destrucción de sistemas de información.

- **Ley N.° 18.168, ley general de telecomunicaciones:** Esta Ley regula el marco jurídico del sector de las telecomunicaciones en el país, que proveen de infraestructuras físicas y lógicas claves para el desarrollo del ciberespacio nacional. Dentro de sus disposiciones, destaca la protección la confidencialidad e integridad de la información mediante la tipificación de delitos de interceptación no autorizada.

- Cobran también especial relevancia para la Ciberseguridad del país dos modificaciones recientes, correspondientes a la **Ley N°20.453**, que consagra el principio de neutralidad en la red para los consumidores y usuarios de internet, que regula las medidas de gestión de red que puede adoptar un prestador de servicios de Internet, junto con establecer un deber de confidencialidad; y la **Ley N°20.478**, sobre recuperación y continuidad en condiciones críticas y de emergencia del sistema público de telecomunicaciones, promulgada tras el terremoto que afectó a

Chile año 2010, y que como su nombre señala, establece medidas que permiten mantener la continuidad de las telecomunicaciones en el país y, con ello, la disponibilidad de la información contenida en el ciberespacio.

- **Ley N°19.799,** sobre documentos electrónicos, firma electrónica y servicios de certificación de dicha firma: regula el uso de documentos electrónicos en el país y, con ello, mecanismos para asegurar la integridad y confidencialidad de la información, mediante el uso de mecanismos de firma digital, junto con un sistema que garantice el apropiado funcionamiento de quienes prestan estos servicios.

- **Ley N°20.285,** sobre acceso a la información pública: crea un régimen de transparencia para las actividades del Estado, con obligaciones de transparencia activa, que debe efectuarse a través del sitio web de cada organismo público afectado; y pasiva, consistente en los datos que puede requerir cualquier persona a estos organismos, en la medida que no afecte otros derechos e intereses establecidos en la ley, como la seguridad del Estado o la privacidad de terceros, de manera tal que no se afecte la confidencialidad de la información en juego.

En materia de Decretos destacan:

- **D.S. N°83/2005,** aprueba norma técnica para los órganos de la administración del estado sobre seguridad y confidencialidad de los documentos electrónicos

- **D.S. 93/2006,** que aprueba norma técnica para la adopción de medidas destinadas a minimizar los efectos perjudiciales de los mensajes electrónicos masivos no solicitados recibidos en las casillas electrónicas de los órganos de la administración del estado y de sus funcionarios.

- **D.S. N°1.299/2004,** establece nuevas normas que regulan la Red de Conectividad del Estado que administra el Ministerio del

Interior y fija los procedimientos, requisitos y estándares tecnológicos para la incorporación a dicha red de instituciones públicas.

- **D.S. N°1/2015,** aprueba norma técnica sobre sistemas y sitios web de los órganos de la administración del Estado.
- **D.S. N°533/2015,** crea comité interministerial sobre Ciberseguridad.

CONCLUSIONES

En este estudio se trataron y sistemáticamente varios temas relativos al desarrollo de la Ciberseguridad en el ámbito hemisférico y nacional. Se abordaron diversos conceptos a partir de lo que se conoce como ciberdelito, ciberespacio y Ciberseguridad, además de presentarse un contexto histórico que problematizó y analizó la experiencia hemisférica a propósito de la evolución del concepto de seguridad en las relaciones internacionales. En este recorrido se complejizó el análisis incorporando la problemática de la disparidad en los ordenamientos jurídicos internos de los países con relación al marco internacional y los avances en cooperación hemisférica, para la persecución y sanción de los ciberdelitos. Se evidenció al mismo tiempo, el impacto del ciberdelito como nueva amenaza de carácter transnacional, a la luz de la teoría de la transnacionalización e internacionalización de los delitos.

Lamentablemente, la realidad y el desarrollo de la ciberdelincuencia es mucho más vertiginosa que los avances que logra alcanzar la cooperación internacional para detenerla. Las actualizaciones de los *modus operandi*, y las disyuntivas que provocan las controversias de jurisdicción en la persecución y sanción de los ciberdelitos, son mayoritariamente los puntos más críticos de este escenario.

Por ello es necesario comprender, en primer lugar, que a diferencia de los ilícitos que se cometen en el espacio físico, en el ciberespacio existen muchas dificultades para la persecución y sanción de estos delitos. Entre otros, destacan la identificación de los autores, el tiempo que pasa entre la ejecución del ilícito y la reacción de la víctima, las bajas tasas de denuncia y la escasa posibilidad de perseguir a los infractores, pues los organismos persecutores operan en los límites territoriales del Estado mientras el ciberespacio es esencialmente un lugar sin fronteras, un lugar transnacional.

Es por ello que a modo de conclusión se enumerarán algunas premisas que surgen del estudio realizado, y en consideración a los elementos abordados y analizados latamente en los capítulos precedentes, permiten recoger ciertas consideraciones, que pueden observarse como afirmaciones y que tienen el objeto de contestar las preguntas de la investigación. En este sentido, y para el caso de la Política Hemisférica de Ciberseguridad en América latina, podemos concluir lo siguiente:

1- El estado de desarrollo de la Ciberseguridad como preocupación hemisférica es de muy reciente data, y por ende su desarrollo es imperfecto. El atraso y desigualdad entre el desarrollo de los países y su acceso a la red ha provocado grandes trabas al avance de la Ciberseguridad en la región. No existiendo, por ejemplo, un marco regulatorio común para los países, sin embargo, la OEA y el BID, que son los actores más relevantes en la elaboración de parámetros para una política hemisférica de Ciberseguridad, han trabajado contantemente para suministrar insumos a los países, en el sentido de generar un bloque frontal contra la ciberdelincuencia, fomentando la coordinación regional. Así también, la participación del sector privado, en especial el empresarial ha desarrollado una dimensión de seguridad digital que ha podido en parte hacerse frente ante la Nueva Amenaza, mientras que los Estados están haciendo las modificaciones internas para ingresar al siglo XXI, ya que muy pocos de los países latinoamericanos cuentan con un marco regulatorio actualizado sobre el ciberespacio.

2- El acceso universal a internet ha sido el foco de las políticas de los Estados durante estos últimos años, dejando descuidado el uso seguro del ciberespacio, adquiriendo poco a poco el concepto de *gobernanza del internet* como una dimensión de las políticas públicas requeridas en el marco de la globalización y la sociedad de la información. Sin que ello signifique que se ha desarrollado una preocupación por la seguridad del ciberespacio. Un ejemplo de ellos es la Agenda Imagina del gobierno de Sebastián Piñera, que si bien incorporo mucho elemento del ciberespacio a la modernización del estado, extrañamente no involucro ningún punto de seguridad cibernética en su programa de gobierno. Concentrándose en el fomento a la economía digital.

3- América latina presenta grandes problemas de coordinación entre los actores internacionales involucrados en la seguridad del ciberespacio. Los esfuerzos han sido canalizados a partir de la creación de CIRST, y las reuniones periódicas en los foros internacionales. No logrando reducir los altos índices de ciberataques, ni aumentas las bajas tasas de reacción oportuna.

4- También se destaca positivamente la cooperación entre las organizaciones internacionales como INTERPOL en el combate efectivo de la delincuencia cibernética, potenciando las capacidades para combatir la delincuencia mediante el desarrollo de marcos legislativos, pero también la formación investigadora especialista, el tratamiento de pruebas electrónicas y la formación de jueces y la fiscalía.

5- Por último, los Estados han empezado a aprovechar la capacidad de sus fuerzas armadas nacionales y/o agencias de defensa relacionadas para defender a su país cinéticamente y proporcionar una defensa similar a través del ciberespacio, en respuesta a las amenazas de seguridad cibernética. Brasil, por ejemplo, ya ha desarrollado capacidades avanzadas de defensa cibernética y, recientemente, estableció un Comando de Defesa Cibernética y una Escuela de Defensa Cibernética Nacional, que contará con representantes de las tres fuerzas armadas brasileñas.

Para la realidad nacional, es necesario considerar que el proceso de incorporación a la cooperación internacional en materia de Ciberseguridad ha llegado a un grado importante de avance, encontrándonos hoy como el único país latinoamericano que ha logrado adherir al Convenio de Budapest, aunque con reservas. Sin embargo, y considerando todos los cambios que se requieren para dicha continuar la incorporación cibernética internacional, concluiremos a modo de recomendación, en primer lugar que:

1- Durante los gobiernos de Michell Bachelet y Sebastián Piñera, se desarrollaron dos visiones sobre el ciberespacio bastante diferentes. Durante el primer periodo de Piñera, por ejemplo, se focalizaron los esfuerzos por hacer más accesible la utilización del ciberespacio para la digitalización de los tramites ciudadanos. Expandiendo la cobertura y la utilización del ciberespacio, no obstante, el foco principal fue el fomento a una economía digital. En cambio, con el gobierno de Michell Bachelet, Chile comenzó a comprender la necesidad de gobernar el ciberespacio y cautelar que las actividades realizadas por los ciudadanos nacionales se desarrollaren en un espacio seguro, al tiempo que se incentivó el acceso, la cooperación internacional y creo una Política Nacional de Ciberseguridad mediante un Comité de Ciberseguridad de carácter interministerial. Además se logró discutir las modificaciones necesarias al ordenamiento jurídico para la adhesión al Convenio de Budapest y hoy se discuten en el congresos dos proyectos de ley, en dicha materia.

2- Si comparamos los avances logrados en los últimos 7 años, podemos claramente indicar luego de realizado el estudio de los objetivos alcanzados y observados en las agendas de ambos gobiernos, y considerando los últimos informes hemisféricos del BID y la OEA, que durante los años 2010 a 2014, el grado de avance frente a la Ciberseguridad, fue escasa o inexistente, dado que no se logra observar objetivos vinculados a la seguridad del ciberespacio, no se constituye una institucionalidad y no se promovió en estos años una política ligada al desarrollo seguro del ciberespacio. Si no más, bien reduciremos estos años a un periodo de masificación de los usuarios, juntamente con una proliferación de actividades financieras, comerciales y gubernamentales que se empezaron a ofrecer a ciudadanía. Esta masificación sin seguridad, provoco a la postre que Chile se convirtiera en un paraíso para los ciberataques, puesto que una gran cantidad de nacional ingreso a realizar operaciones en la web, sin un desarrollo responsable como política pública de Ciberseguridad.

3- Sin embargo, el país tiene mucho más por hacer, debe contar con una infraestructura de la información robusta y resiliente, preparada para resistir y recuperarse de incidentes de Ciberseguridad, bajo una óptica de gestión de riesgos. En este sentido, desde 2015, se ha desarrollado una institucionalidad preocupada de la Ciberseguridad y de hacer efectivo el concepto de gobernanza de la Internet.

4- El país debe también, velar en lo sucesivo, por los derechos de las personas en el ciberespacio, estableciendo de prioridades en la implementación de medidas sancionatorias. En este sentido, es primordial generar instancias apropiadas de coordinación, encuentro y colaboración y fortalecer significativamente las capacidades técnicas y el acceso a capacitación de los fiscales y jueces, las capacidades periciales y forenses de las policías y generar pautas de cuidado mínimas para toda la población. Se deben definir las capacidades de levantamiento, estandarización e integración de datos e información relacionados con el ciberdelito, aumentar la capacidad para investigar y generar evidencia respecto al mismo.

5- También es necesario que Chile desarrolle una cultura de Ciberseguridad en torno a la educación, buenas prácticas y responsabilidad en el manejo de tecnologías digitales. Esta necesidad depara grandes desafíos a nuestro sistema educacional. La formación temprana y avanzada de la población no está ajena a estos desafíos y corresponde hacerse cargo de las brechas digitales producto de desigualdades en recursos, capacidades, infraestructura, conectividad, entre otras. Para esto es crucial apoyar la implementación de iniciativas que fomenten y desarrollen una cultura digital consciente, competente, informada y responsable que incluya a todos los actores relevantes entendiendo que estamos frente a un esfuerzo colectivo en pos de un beneficio común y de largo plazo.

6- Por último, el país debe establecer relaciones de cooperación en Ciberseguridad con otros actores y participar activamente en foros y discusiones internacionales de manera sostenida en el tiempo. Haciéndose cargo de la emergencia del ciberespacio, y muy especialmente del internet, como un bien público global, por lo que está obligado a enfrentar el desafío de gestionar sus riesgos a todo nivel, donde el plano internacional reviste particular importancia, considerando el carácter global y transfronterizo del mismo.

Finalmente, es del caso señalar que en este estudio se pretendió sistematizar la mayor cantidad de información relativa a la ciberseguridad, siguiendo ciertas coordenadas que podían complejizar la temática. En este sentido el eje problemático, se generó en base a las disparidades jurídicas y los problemas de la transnacionalización de los delitos, en tanto dificultan las estrategias nacionales, por la poca coordinación de los ordenamientos jurídicos de los países afectos a la ciberdelincuencia.

En este sentido recordar que América latina cuenta con las mayores tasas de nuevos ingresos a la red, contando hoy con mas de la mitad de la población conectada, y un 50 % de esta población ya ha vivido la experiencia del ciberdelito.

Queda mucho por hacer y discutir, no solo por parte de los países y el sector privado interesado, sino también se sugiere mantener el debate en la esfera academia para ir viendo paulatinamente los errores y falencia en las interpretaciones conceptuales frente al desarrollo de las TICs y la vertiginosa globalización.

BIBLIOGRAFÍA

ARÓSTEGUI, Julio. Ver bien la propia época nuevas reflexiones sobre el presente como historia. Sociohistórica, 2001, vol: 9-10: pág.13-43.

SEGER Alexander. El estado actual de la legislación sobre el delito cibernético en América Latina y el Caribe: algunas observaciones. En: Informe Ciberdelito 2016. OEA-BID. 2016.

ARMERDING, Gisela, et al. Una mirada a la Declaración sobre Seguridad en las Américas. Centro Argentino de Estudios Internacionales, 2006. Disponible en: http://www.caei.com.ar/sites/default/files/14_3.pdf

SPRING, Ursula Oswald; BRAUCH, Hans Günter (ed.). Reconceptualizar la seguridad en el siglo XXI. Universidad Nacional autónoma de México, 2009. Disponible en: http://bibliotecavirtual.clacso.org.ar/Mexico/crimunam/2010032 9020502/Reconceptualizarlaseguridad.pdf

BUZAN, Barry; WÆVER, Ole; DE WILDE, Jaap. Security: a new framework for analysis. Lynne Rienner Publishers, 1998.

MONTAÑÉS, Carmen Sánchez. Valoración de intangibles para la ciberseguridad en la nueva economía. 2017. Tesis Doctoral. Universidad de Sevilla. Disponible en: https://idus.us.es/xmlui/bitstream/handle/11441/63996/COPIA%2 0TESIS.pdf?sequence=1&isAllowed=y

CARRASCO, Óscar Navarro; PUERTA, Antonio Villalón. Una visión global de la ciberseguridad de los sistemas de control. Revista SIC: ciberseguridad, seguridad de la información y privacidad, 2013.

CASTELLS, Manuel. La era de la información: economía, sociedad y cultura. siglo XXI, 2004.

AZÓCAR, Daniel Aguirre; LAVÍN, José Morandé. El ciberespacio y las relaciones internacionales en la era digital. En: Espacios del conocimiento: Sujeto, verdad y heterotopias. A 30 años de la muerte de Fucault. LOM, 2016.

CHILLIER, Gaston; FREEMAN, Laurie. Potential threat: the new OAS concept of hemispheric security. Washington, DC: Washington Office on Latin America, 2005.

DAIGLE, Leslie. On the Nature of the Internet. Global Commission on Internet Governance Paper series N.7. Marzo de 2015. Disponible en: https://www.cigionline.org/sites/default/files/gcig_paper_no7.pdf

DE ARMIÑO, Karlos Pérez. El concepto y el uso de la seguridad humana: análisis crítico de sus potencialidades y riesgos. Revista CIDOB d'afers internacionals, 2006.

FICARRA, Francisco. Los virus informaticos. Revista Latinoamericana de Comunicación CHASQUI, 2002, no 78.

FLEMES, Daniel. Creación de instituciones en el sector de defensa y seguridad del MERCOSUR (I). La cooperación de defensa de Brasil: entre los servicios armados dominantes y marcado bilateralismo. Instituto de Estudios Iberoamericanos (IIK), Hamburgo (Alemania), Working Paper IIK , 2004, no 20. Disponible en: https://www.files.ethz.ch/isn/46976/arbeitspapiere22e.pdf

FLORES PACHECO, Ana Luz; GALICIA SEGURA, Graciela; SÁNCHEZ VANDERKAST, Egbert. Una aproximación a la Sociedad de la Información y del Conocimiento. Revista Mexicana de Orientación Educativa, 2007, vol. 5, no 11.

FLOREZ, María Eugenia Rodríguez. América Latina,¿ debe crear un sistema de normas armonizadas para el cibercrimen?. 2013. Disponible en: http://www.econ.uchile.cl/uploads/publicacion/9ba7739a0ac26598402dab53c990c58e49fc259a.pdf

IBARRA, Virginia; NIEVES, Mónica. La seguridad internacional determinada por un mundo on-line: el Estado ante el desafío del terrorismo y la ciberseguridad. En VIII Congreso de Relaciones Internacionales (La Plata, 2016). 2016.

LEWIS, James A. Fomento de confianza cibernética y diplomacia en América Latina y el Caribe. OEA-BID. 2016

KALDOR, Mary; TAPIA, María Luisa Rodríguez. Las nuevas guerras: violencia organizada en la era global. Tusquets, 2001.

KEOHANE, Robert O .; NYE JR, Joseph S. Poder e interdependencia en la era de la información. Asuntos exteriores , 1998.

LEAL, Francisco. La doctrina de Seguridad Nacional: materialización de la Guerra Fría en América del Sur. Revista de estudios sociales, 2003, no 15.

MACIEL, Marília, FODITSCH Nathalia, Luca Belli y Nicolás Castellón. (2016) Fundación Getúlio Vargas. Informe Ciberseguridad 2016. OEA-BID.

MARKOVICTH, Claudio Paul Magliona; MEDEL, Macarena López. Delincuencia y fraude informático: derecho comparado y ley n° 19.223. Editorial Jurídica de Chile, 1999.

MENDOZA BREAMUTZ, E. Globalización, Internacionalización del Delito y Seguridad. Estudios en Homenaje a D. Jorge Fernández Ruiz, 2005.

MORENO, Luis. BID/OEA. Ciberseguridad ¿Estamos preparados en América Latina y el Caribe? Informe Ciberseguridad 2016. Observatorio de la Ciberseguridad en América Latina y el Caribe. 2016. Disponible en https://publications.iadb.org/handle/11319/7449.

NYST, C. El derecho a la privacidad y a la libertad de expresión: dos caras de la misma moneda. Cuestión de Derechos. Revista Electrónica. No 4 – 2013. Disponible en: https://www.apc.org/es/system/files/ADC%20-

%20Cuestion%20de%20derechos%20-%20Revista-numero4%20-%202013.pdf

OECD. Cyber security policy making at a turning point: Analyzing a new generation of national cybersecurity strategies for the Internet economy. OCDE, 2012.

OROZCO, Gabriel. El concepto de la seguridad en la Teoría de las Relaciones Internacionales. Revista CIDOB d'afers internacionals, 2005.

INFORMES E INSTRUMENTOS

BASES PARA UNA POLÍTICA NACIONAL DE CIBERSEGURIDAD. MISP / MDN. Chile. 2015. Disponible en: http://Ciberseguridad.interior.gob.cl/media/2015/12/Documento-Bases-Pol%C3%ADtica-Nacional-sobre-Ciberseguridad.pdf

CENTER FOR STRATEGIC AND INTERNATIONAL STUDIES AND MCAFEE (Firm). Net Losses: Estimating the Global Cost of Cybercrime. 2014, Disponible en: https://www.mcafee.com/de/resources/reports/rp-economic-impact-cybercrime2.pdf

COMITÉ INTERAMERICANO CONTRA EL TERRORISMO, Disponible en: http://www.oas.org/es/sms/cicte/default.asp

CONFERENCIA ESPECIAL SOBRE SEGURIDAD. Disponible en: http://www.oas.org/csh/CES/default.asp

CONVENCIÓN INTERAMERICANA CONTRA EL TERRORISMO. Aprobada en la primera sesión plenaria celebrada el 3 de junio de 2002. (AG/RES.1840 (XXXII-O/02) Disponible en: http://www.oas.org/xxxiiga/espanol/documentos/docs_esp/agr es1840_02.htm

CONVENIO DE BUDAPEST.2001. Disponible en: http://www.oas.org/juridico/english/cyb_pry_convenio.pdf

CONVENIO PARA LA PROTECCIÓN DE LAS PERSONAS EN RELACIÓN CON TRATAMIENTO AUTOMÁTICO DE DATOS PERSONALES. Consejo de Europa. ETS 108. Dispionible en: http://conventions.coe.int/Treaty/Commun/QueVoulezVous.asp ?NT=185&CM=8&DF=&CL=ENG

DECLARACIÓN DE BRIDGETOWN: Enfoque Multidimensional de la Seguridad Hemisférica. AG/DEC. 27 (XXXII-O/02) Aprobada en la cuarta sesión plenaria celebrada el 4 de junio de 2002. Disponible en: http://www.oas.org/xxxiiga/espanol/documentos/docs_esp/agc gdoc15_02.htm

DECLARACIÓN DE LA CONFERENCIA ESPECIAL SOBRE SEGURIDAD SOBRE LA SITUACIÓN EN COLOMBIA. Aprobado en la tercera sesión plenaria, celebrada el 28 de octubre de 2003. OEA/Ser.K/XXXVIII. Disponible en: https://www.oas.org/csh/ces/documentos/ce00358s06.doc

ESTUDIO EXHAUSTIVO SOBRE EL DELITO CIBERNÉTICO. Oficina de las Naciones Unidas Contra la Droga y el Delito. 2013. Disponible en https://www.unodc.org/documents/organized-crime/cybercrime/Cybercrime_Study_Spanish.pdf

HIRANE, Carolina Sancho. Ciberseguridad y política pública en Chile: Avances recientes, ¿optimismo futuro? ANEPE. 2016. Disponible n: https://www.anepe.cl/Ciberseguridad-y-politica-publica-en-chile-avances-recientes-optimismo-futuro/

INFOGRAFÍA SINTETIZADA DEL ESTUDIO DE LA AGENCIA GRANT THORNTON, 2016. Disponible en: http://www.lawandtrends.com/noticias/tic/tres-de-cada-diez-empresas-espanolas-han-sufrido.html

INFORME CIBERSEGURIDAD 2016. Ciberseguridad ¿Estamos preparados en América Latina y el Caribe, Observatorio de la Ciberseguridad en América Latina y el Caribe? BID – OEA. Disponible en: https://publications.iadb.org/bitstream/handle/11319/7449/Ciber

113

seguridad-Estamos-preparados-en-America-Latina-y-el-Caribe.pdf?sequence=7&isAllowed=y

INFORME SOBRE EL ESTADO DE LA BANDA ANCHA EN AMÉRICA LATINA Y EL CARIBE 2016, CEPAL, 2016. Disponible en: https://www.cepal.org/es/publicaciones/estado-la-banda-ancha-america-latina-caribe-2016

INFORME TENDENCIAS DE SEGURIDAD CIBERNÉTICA EN AMÉRICA LATINA Y EL CARIBE 2014, Disponible en: https://www.sites.oas.org/cyber/Documents/2014

MEDICIÓN DE LA SOCIEDAD DE LA INFORMACIÓN 2015. Unión Internacional de Telecomunicaciones. Resumen Ejecutivo. Suiza. 2016. Disponible en https://www.itu.int/en/ITU-D/Statistics/Documents/publications/misr2015/MISR2015-ES-S.pdf

NFORME DEL RELATOR DE LA CONFERENCIA ESPECIAL SOBRE SEGURIDAD, OEA, 2003. Disponible en: https://www.oas.org/csh/ces/documentos/ce00358s06.doc

PROPUESTA DE POLÍTICA NACIONAL DE CIBERSEGURIDAD. "Comité Interministerial sobre Ciberseguridad". Chile. 2016.. Disponible en: http://Ciberseguridad.interior.gob.cl/media/2016/02/Borrador-Consulta-P%C3%BAblica-PNCS.pdf

SESIÓN PLENARIA DE LA ASAMBLEA GENERAL DE LA ORGANIZACIÓN DE ESTADOS INTERAMERICANOS DEL 3 DE JUNIO DE 2002, AG/RES. 1840 (XXXII-O/02) Disponible en: http://www.oas.org/juridico/spanish/tratados/sp_conve_intera me_contr_terro.pdf

TENDENCIAS DE SEGURIDAD CIBERNÉTICA EN AMÉRICA LATINA Y EL CARIBE. OAS- Symantec. 2014.

Tabla de contenido

117

118